数字化的力量

——中国建筑业"十四五"发展新航程

⊙ 中国数字建筑峰会组委会 编

中国建材工业出版社

图书在版编目（CIP）数据

数字化的力量：中国建筑业"十四五"发展新航程 / 中国数字建筑峰会组委会编． -- 北京：中国建材工业出版社，2022.1（2022.8重印）

ISBN 978-7-5160-3046-2

Ⅰ．①数… Ⅱ．①中… Ⅲ．①建筑业－经济发展－研究－中国 Ⅳ．① F426.9

中国版本图书馆CIP数据核字（2022）第004874号

《数字化的力量 —— 中国建筑业"十四五"发展新航程》
中国数字建筑峰会组委会 编

出版发行：中国建材工业出版社
地　　　址：北京市海淀区三里河路11号
邮政编码：100831
经　　　销：全国各地新华书店
印　　　刷：北京天恒嘉业印刷有限公司
开　　　本：710mm×1000mm　1/16
印　　　张：18
字　　　数：320千字
版　　　次：2022年1月第1版
印　　　次：2022年8月第4次
定　　　价：128.00元

本社网址：www.jccbs.com，微信公众号：zgjcgycbs
请选用正版图书，采购、销售盗版图书属违法行为
版权专有，盗版必究。本社法律顾问：北京天驰君泰律师事务所，张杰律师
举报信箱：zhangjie@tiantailaw.com　举报电话：（010）57811389
本书如有印装质量问题，由我社市场营销部负责调换，联系电话：（010）57811387

本书编委会

主　　编	袁正刚				
副 主 编	汪少山	云浪生	只　飞	王先军	
专家顾问	黄奇帆	杨学山	王铁宏	毛志兵	刁志中	王广斌
	陆　峰	吴佐民	陈　桁	袁正刚	毛继东	云浪生
	李云贵	王鹏翊	熊中元	Pierpaolo Franco	王永君	
	郭建锋	刘国彬	刘　刚	宁海龙	冯俊国	冯朝明
	陈文山	杨国文	叶浩文	刘　谦	石新波	汪少山
	温　鑫	丁云波	黄树鹏	杨晓东	靳　江	付卫国
	潘　敏	只　飞	邵占广	赵朴花	祝波善	赵月松
编写组	吴　林	葛　健	陈子阳	黄　梅	高玉姣	李洪艳

中国数字建筑峰会官方网站

本書為贈書

序　言

文 / 丁烈云　中国工程院院士

习近平总书记指出：世界正在进入以信息产业为主导的经济发展时期。我们要把握数字化、网络化、智能化融合发展的契机，以信息化、智能化为杠杆培育新动能。要推进互联网、大数据、人工智能同实体经济深度融合，做大做强数字经济。

建筑业是我国国民经济的重要支柱产业。近年来，我国建筑业持续快速发展，产业规模不断扩大，建造能力不断增强，2020年全年全社会建筑业增加值72996亿元，比上年增长3.5%，占国内生产总值的比例创历史新高，达到7.2%，有力支撑了国民经济持续健康发展。

站在"十四五"新起点，在时代浪潮下建筑业要贯彻新发展理念，着眼抢抓新一轮科技革命和产业变革的历史机遇，高度重视数字技术对工程建造的变革性影响，制定以智能建造为核心的"中国建造2035"发展战略，做优做强中国建造，推动生产方式向新型建造升级，以高质量发展为主题，深化建筑业供给侧结构性改革，提升建筑产品品质，走出一条科技含量高、经济效益好、资源利用效率高、低碳环保的新发展道路。

现在行业企业正在抓住数字化机遇实现数字化转型，目前建筑业还处于数字化转型的低端阶段，我们应该如何培育建筑行业的数字经济新业态？我认为主要是这几个方面。

第一，从"互联网+"到"AI+"。通过泛在的感知，把建筑要素通过互联获得大量数据，通过人工智能分析数据并提供服务。如设计服务平台，通过软件集成做到互联互通、模型驱动进行无缝链接，为设计用户提供服务。施工过程也可以提供数据驱动的服务，如美国有一家公司提供工程机械服务，但它不拥有工程机械，而是把工程中使用的工程机械通过物联网进行链接，了解每一台工程机械的运行情况，包括运行效率、机械运行参数，从而对机械运行故障进行预测和维修，同时提高机械的使用效率。现在我们有一些做"智慧工地"服务的软件公司，已经在这个领域有了一些新的业务。

第二，"建筑产品"+"服务"。以后我们提供的建筑产品不仅仅是一个裸产品，还包括建筑产品用户的体验和服务，为用户提供智能化的服务，把建筑各要素特别是耗能设备进行互联感知，从而优化能源使用情况，节省能源，为碳达峰、碳中和做出贡献。另外，我们国家已经进入老龄化社会，老年人口达到2.49亿，怎么为这些老年人提供服务？也可以通过互联网泛在的感知提供远程服务。不仅在建筑层面，城市层面也可以实现基础设施产品+服务，比如智能水务、桥梁隧道智慧运维等。

第三，数字化思维。最重要的还是数字化思维，我们在整个建筑业发展过程中培养数字化思维模式，工作过程尽可能通过数字化进行表达：设计数字化、施工数字化、采购数字化、日常办公数字化等等。只有积累了数据，才能够通过人工智能技术进行分析，提升业务价值。

在此背景下，由中国数字建筑峰会组委会编写的《数字化的力量》一书，全面贯彻新发展理念，围绕"数字化"与建筑业的融合发展，汇集了知名学者、专家、行业企业家对建筑业数字化转型的真知灼见，为我们展现了当前行业蓬勃的数字化建设热潮，描绘了一卷生动的数字化弄潮图。

时代潮流，浩浩荡荡；历史车轮，滚滚向前！让我们聚焦建筑产业高质量发展，积极探索新型建筑工业化、数字化转型、"双碳"目标下的建筑产业融合创新，推动建筑产业新生态共同体的健康成长，为促进中国建筑业的高质量发展共同努力！

前　言

文 / 本书编委会

2021年，"十四五"规划开局，我国进一步对促进数字技术与实体经济深度融合、赋能传统产业转型升级、壮大经济发展新引擎进行规划部署，"数字中国"建设的步伐继续提速。作为当今世界最具颠覆性的力量之一，数字化正逐步向各行各业渗透，在中华大地上落地生根，开花结果。

作为国民经济的传统支柱产业，建筑业未来的发展在机遇与挑战中迎来极大的不确定性。面对当前全新的竞争格局之变、市场模式之变和科技进步之变，如何抓住数字化转型机遇，充分发挥各项政策红利，谋篇布局企业转型升级发展战略，以数字化赋能数字建筑新生态，实现建筑产业全要素、全过程、全参与方的数字化、在线化和智能化，成为行业与企业必须面对的新课题。

那么，数字化的力量到底是什么？

它能为行业和企业带来什么与众不同的价值？

为何越来越多的企业开启了数字化转型新征程？

……

带着这些疑问，站在"十四五"规划开局的新征程、新起点，中国数字建筑峰会将如何推动建筑行业与企业的数字化转型列为全年的核心议题，邀请众多智库专家、行业领袖、百余位建筑企业家齐聚一堂，围绕设计、施工、造价等企业在数字化转型过程中的探索与观察、痛点与难点、方向与路径，通过主旨报告、企业家对话等多种形式交流思想，启迪智慧，为行业数字化转型指明了新方向、提供了新思路、规划了新路径。

在此背景下，为全面且系统地传递数字建筑理念和数字化转型方案，为建筑产业高质量发展赋能，营造数字建筑生态体系，我们编写了本书，分别从"大趋势 育新局""大变革 探路径""大发展 创未来"三个维度，结合行业数字化转型的背景、趋势与实践，将中国数字建筑峰会中相关专家学者、行业领袖给出的答案编撰成集，以期为更多在转型路上面临"不能转""不敢转""不会转"的同行者带来思考与借鉴。

通过对所有文章的精细研读，我们欣喜地发现：蓬勃兴起的数字化转型的力量正由内而外重塑整个行业生态，以数字化转型带动业务模式和生产管理的变革，提升效率和质量，让每一个工程项目成功，赋能工程项目"多快好省"，成为建筑行业共同的价值追求。对那些数字化转型先行的建筑业企业来说，"数字化转型不是要不要做的问题，而是怎么做的问题"。因此，为了充分发挥数字化转型成效，越来越多的企业将其作为一把手工程纳入企业战略规划进行落地推广，总结出具有行业代表性的典型模式与经验，让我们对建筑业数字化转型的新未来充满期待。

同心者同行，同行者共赢。中国数字建筑峰会愿牵手同道人，继续为建筑行业动能转换和企业创新发展搭建对接平台，以场景创新赋能企业数字化转型，与更多的有识之士共画建筑企业数字化转型新图景，共谋建筑产业高质量发展新未来。

目　录

第一章　大趋势　育新局

双循环下建筑产业数字化发展的思考 / 黄奇帆　　003

关于建筑业数字化转型的思考 / 杨学山　　009

贯彻新发展理念　加快建筑产业转型升级 / 王铁宏　　011

"三造"融合　"四化"协同　推动行业高质量发展 / 毛志兵　　017

建筑产业互联网开启数字化转型新格局 / 刁志中　　025

建筑企业数字化转型要充分利用"三算"和"三化" / 王广斌　　031

体系化推进　企业数字化转型方向思考 / 陆　峰　　039

工程咨询企业数字化转型之路 / 吴佐民　　049

新视点：深化数字化改革创新　打牢"中国建造"工业化转型基础　　055

第二章　大变革　探路径

数字化转型驱动企业高质量发展 / 陈　桁　　067

做好企业数字化还需"下水游泳" / 袁正刚　　073

"四化融合"谱写企业高质量发展新篇章 / 毛继东　　079

技术先行　数字设计赋能勘察设计行业转型升级 / 云浪生　　085

建筑业"十四五"数字化转型重点思考 / 李云贵　　091

促进行业高质量发展　施工企业数字化转型工作要点 / 王鹏翊　　097

数字化设计开启建筑业高质量发展未来 / 熊中元　　107

数字化：建筑业的未来 / Pierpaolo Franco　　113

争当数字经济"弄潮儿"　以数字化助推建筑业二次腾飞 / 王永君　　117

数字化转型之下　建设方企业如何重塑核心竞争力 / 郭建锋　　125

工程安全管理的数字化之路 / 刘国彬　　131

数字孪生与精益建造深度融合　助推建筑产业高质量发展 / 刘　刚　　137

建筑企业数字化转型路径探究 / 宁海龙　　143

BIM+ 智慧工地"所见即所得"　推动施工现场大步迈进"智慧时代" / 冯俊国　　151

构筑数字城市新基建　推动城市治理"像绣花一样" / 冯朝明　　157

新视点：推动数字化转型　持续发挥勘察设计行业引领作用　　163

第三章　大发展　创未来

"数字化 + 一体化"激活建企转型升级密码 / 陈文山　杨国文　　173

智能建造与建筑工业化融合发展再思考 / 叶浩文　　179

数字创新驱动行业升级　智能建造引领人才发展 / 刘　谦　　185

以数字化转型促高质量发展 / 石新波　　189

持续推进 BIM 理性发展　助力建筑业数字化转型升级 / 汪少山　　193

数字科技构建建筑产业供应链金融新价值 / 温　鑫　　199

国有建筑企业数字化转型的"道"与"术" / 丁云波　　207

数字时代　建筑行业供应链如何变革 / 黄树鹏　　213

以"三化融合"助推企业转型升级 / 杨晓东　　219

践行数字化发展要义　设计大有所为 / 靳　江　　223

数字技术将成为新一轮产业革命的基础设施 / 付卫国　　227

工程咨询企业长效增长路径 / 潘　敏　　235

兼容并蓄　相时而动　数字赋能造价行业数字化转型 / 只　飞　　239

与时代共舞　在数字化浪潮中打造核心竞争力 / 邵占广　　243

用"数字思维"培养人才　工程咨询企业走出去正当其时 / 赵朴花　　251

工程勘察设计企业数字化转型模式与路线图 / 祝波善　赵月松　　257

新视点：数字化背景下推进投建营一体化　重塑"中国建造"核心竞争力　　267

第一章
大趋势 育新局

当今世界正经历百年未有之大变局。以大数据、云计算、人工智能、物联网为代表的新一代信息技术引领新一轮科技革命和产业变革，推动全球从工业经济向数字经济迈进。数字化革命加速向产业领域渗透，催生一系列新经济、新业态、新模式，数字经济随之成为我国经济高质量发展的新引擎和"核动力"。数字经济的浪潮激荡澎湃，构建双循环新发展格局的号角已经吹响。加快推动传统建筑业数字化转型是大势所趋、势在必行。不久的将来，建筑产业有望在融合数字化基因的过程中逐步摆脱传统粗放的发展模式，开创高质量发展的崭新局面。

双循环下建筑产业数字化发展的思考

文/黄奇帆

重庆市原市长、复旦大学特聘教授
蓝迪国际智库专家委员会联合主席

习近平总书记指出，"世界正在进入以信息产业为主导的经济发展时期。我们要把握数字化、网络化、智能化融合发展的契机，以信息化、智能化为杠杆培育新动能"。近年来，我国建筑业转型升级取得明显进展，但主要依赖资源要素投入、大规模投资拉动发展，数字化程度较低的问题还比较突出。尽管近几年建筑行业增加值增速与 GDP 增速差距收窄，增速放缓，但是建筑业在国民经济中的重要性并没有降低，其规模也依然巨大，建筑业正在从快速增长期走向高质量可持续发展期。据中商产业研究院预测，2024 年建筑业总产值将超过 34 万亿元。新形势下，推动建筑业可持续高质量发展，数字化转型是必由之路。实际上，近年来建筑业在信息化、数字化道路上取得了很多成就，已经涌现了一大批专注于建筑设计、建筑信息模型（Building Information Modeling，BIM）、供应链协同等的相关企业。对此，我想重点谈谈对建筑业数字化发展的五点看法。

当前建筑产业数字化存在三个主要障碍

一是建筑业上下游产业链长、参建方众多、投资周期长。产业链的每一个环节形成的数据和信息难以跟随项目推进而流动，形成不易交互的信息孤岛。建筑行业的各个工程环节脱节、不连贯，由分散的部门或专业团队负责，各个流程阶段无法协调出一套统合的、以整个项目周期为范围的信息化改革方案。这种情况下，作为供应商的软件厂商，要想熟悉并掌握全部要点和痛点，难度极大。

二是参与单个项目的工程队数量众多，尤其是中小型工程队素质参差不齐，管理颗粒度粗糙，使得信息化手段难以推进。在项目管理中，因为最终实施人员往往是小型工程承包队，每个承包队的管理水平不一，对信息记录的执行力度不一，执行效果不一，最终较难形成统一、有效的项目日志。建筑业具有产品形式个性化和多样性、生产地点不固定、机械化程度低、人员多变、管理模式多样、管理灵活度高等特点，整体管理效率低下。

三是除了建筑行业本身的挑战之外，建筑全流程工业化、数字化、智能化水平较低。虽然BIM、人工智能、大数据等技术方兴未艾，但技术协同性不高，难以有效满足系统性需求。从BIM提出开始，到随后的云计算、大数据、物联网、移动技术、人工智能等技术快速发展，建筑行业本身面临的问题得到了一定解决。但这些技术整体协同性尚低，以某一项技术仍然较难解决建筑行业根深蒂固的问题，如效率提升、数据互通等。

当前建筑业数字化投入比例低不是最主要的问题，而是要注意数字化的投入产出比

在建筑业，我们最常听到的就是信息化、数字化投入比例过低，限制了行业数字化发展。麦肯锡全球研究院2017年12月发布的《数字时代的中国：打造具有全球竞争力的新经济》提到中国建筑业是数字化程度最低的行业之一。另据中国建筑业协会统计，我国建筑信息化投入在建筑业总产值中的占比仅为0.08%，而欧美发达国家为1%。

如果与欧美发达国家相比，0.08%显得我们的投入低了。但是要看到中国建筑业自身产业结构决定了我们过去的信息化投入比例。这个数字如果是准确的，也只有参考意义，没有绝对的说服力。建筑业也好，建筑软件企业也好，应该关注的是数字化投入产出比，也就是数字化如何能够帮助企业创造更大的价值。目前阶段，没有哪家企业不注重数字化投入，只是这个投入该投向哪里？如果只是购买软件、搭建建材采购的供应链，这个投入比例肯定没有办法提高。要想这个数字高上去，就必须让企业看到数字化投入的必然性和价值所在，也就是我们所说的重塑建筑产业生态。但也正是因为基数低，中国建筑企业在数字化转型上面的空间才大，所带来的收益才更加值得期待。

建筑业数字化要跳出信息化思维，走向产业互联网思维

数字化和信息化是一对既紧密相连、又有所不同的概念。目前在建筑产业中还存在着混用的现象。简单理解，信息化是向企业内部和供应链上的流程要效益，通过信息技术提高流程效率，降低运营成本，但对建筑行业自身业务规则没有太大影响。数字化则是要向建筑产业生态要效益，激活整个建筑行业的数据要素，从而变革建筑产业的业务模式甚至基本建造方式。如果说信息化关注的核心是流程，数字化关注的核心就是商业模式，也就是建筑产业互联网。因此，数字价值的挖掘不是历史上的IT部门能够做的工作，而是整个建筑业企业的战略调整，需要企业领导者改变思维模式，全方位地做好规划。

建筑业从信息化到数字化的发展历程，大概经历了三个理念阶段：工具阶段、协同阶段和模式创新阶段。

工具阶段：目前大多数建筑业企业的信息化还是工具型理念阶段，把数字技术看作服务传统产业的工具，思维方式还是围绕计算机辅助设计（CAD）、办公自动化系统、建筑管理软件来展开的。

协同阶段：随着BIM理念的普及，建筑业数字化走向了协同理念阶段。这一阶段，建筑业普遍意识到BIM在打通全产业链上的作用，并能够想象出产业链打通后的成本效益，于是出现了各种建筑集中采购和BIM集成应用方案。这一理念目前还是建筑业最先进的数字化理念，对指引建筑业数字化发展具有巨大价值。

模式创新阶段：在协同阶段，建筑业找到了降低产业链成本的一些路径，但是还是没有找到新的盈利点，从而使得各种协同方案的落地困难重重。模式创新阶段是对建筑产业盈利模式的重新思考，是在满足了市场的建筑空间需求之后，寻找建筑产业在数字时代的新需求，并为产业找到新的利润点，建立新的商业模式。这一理念阶段是建筑业数字化的真正目标所在，也是构建建筑产业互联网的阶段。

所谓建筑产业互联网，是通过推动建筑产业内各个参与者的互联互通，改变产业内数据采集和流通的方式，并运用区块链等技术，保障产业内数据交易的可信性，进而改变产业价值链，提升每个参与者的价值。建筑产业互联网充分体现了数据要素在建筑产业内的价值创造能力，通过挖掘数据要素的价值提升建筑产业总体价值。

面向未来，推动建筑产业数字化有三个关键要素

数字化时代，客户需求个性化、信息化和工业化深度融合、供应链开放合作是经济发展的基本特征。这也是数字经济发展趋势和实现高质量发展的基本要求。建筑业企业必须顺应这一趋势，改变粗放型劳动密集型生产方式，加快信息化、数字化、智能化转型步伐。

首先，以客户个性化需求为出发点和归结点，客户体验决定了未来产业发展的趋势。在许多产业，个性化、差异化需求不断演进，客户需求逐渐从千篇一律的产品过渡到千人千面的产品。这一趋势，未来也会在建筑产业中体现。发生新冠肺炎疫情以来，数字技术诸如增强现实、混合现实、虚拟现实、人工智能和物联网技术等，正以多种方式转变零售和办公空间，并且全球新冠疫情的大流行加速推动了这一转变。随着业务需求和客户需求不断发展，我们的建筑空间需要变得更具适应性和灵活性。未来的空间需要适应不同的场景，为多模式、多功能预留可能性，科技既可以作为工具，也可以作为媒介，帮助我们为这种转型进行设计。

其次，要以技术变革推动生产过程的数字化、智能化。建筑业数字化发展的关键和基础是产品数字化和产业数字化，这是集成了建筑业整个供应链和生产活动智能建造发展的关键基础。国家和行业大力推行的BIM技术正是数字模型技术的代表，也是行业克服困难、实现成功转型的突破口。基于此，数据驱动设计、远程协作、建筑工业化和自动化等将大力推动工程建设行业的数字化变革。但无论采用何种技术，都要高度重视建立企业和供应链数字模型技术的研发应用。

最后，要利用数字化技术，打通供应链上下游企业，实现信息协同和产业效率的升级。例如，浪费现象在整个建筑领域十分明显，物料和人工在实施过程中的损耗超过1/3。而通过数字化技术打通供应链，建筑业可以大大减少浪费，还能让管理效能得到提高，伤亡减少，安全得到保障。此外，建筑业数字化还能大幅提升节能环保效能。

着力打造数字化赋能的智能建造产业体系

要抓住新一轮科技革命的历史机遇，高度重视数字化、网络化、智能化对工程建造的变革性影响，实现工程建造的转型升级，促进工程建造的可持续、高质量发展。

一要充分理解技术革命，全面认识建筑产业变革，打造智能建造新范式和新框架体系。企业要充分利用"三算"（算据、算力、算法）和"三化"（数字化、网络化和智能化）通用技术，打造工程多维数字化建模与仿真、基于工程物联网的数字工地（厂）和工程大数据驱动的智能决策等领域技术，建设基于工程全生命周期数据模型的信息集成与业务协同平台，向工业化建造、服务化建造、平台化建造转型。

二要着眼于社会变革趋势，最终形成以人民为中心、智能化的绿色可持续工程产品与服务体系。我国还有大量的人群未能享受到优质住房，还有大量的建筑物要建造。现在的预制房、装配式住宅一定程度上解决了人力问题，但这不是终极目标。智能化技术的开发和相关设计理论的发展，对建筑本身、房地产行业、中国人居生活的影响才刚开始。中国的数字设计不能走西方只在电脑画图的老路，也不能单纯研究数控工具来实现物质建造，而是要用这些工具为设计服务，把握两者的关系，服务于老龄化特征的需求，服务于数字化、个性化、绿色化的需求，使建筑形态和人类活动环境的关系真正和谐。

三要着眼于国际竞争，充分了解全球建筑业发展趋势。倡导绿色可持续理念，改善建筑工程产品在环境、能耗方面的性能；以需求多元化为导向，提升产品的个性化服务能力；以技术创新为导向、为驱动，提升工程建造生产力和质量安全水平；推动产业交叉融合，重塑建筑业生态和治理体系；重视人力资源体系建设，促进从业人员素质与能力提升；不断开拓市场空间，提升建筑业国际竞争力和影响力。

总之，作为中国经济发展的支柱产业，建筑业在数字化时代的发展空间依然巨大，但这个空间绝不是靠盖房子、修高速路来实现的。在第二个百年阶段，建筑业必须转变发展思路，激活数据要素潜能，紧紧抓住新基建的历史机遇，创造建筑产业互联网新业态，改变建筑产业的商业模式，打造开创性的、万物互联时代的中国式数字建筑产业。

关于建筑业数字化转型的思考

文 / 杨学山

工业和信息化部原副部长、北京大学兼职教授、中国信息化百人会学术委员会主席

建筑业是我国综合国力的体现。常说建筑业"大而不优",实际上,中国的建筑业不仅大,而且在很多意义上,在全球的竞争力很强,但确实不优。如何真正实现又大又强又优?这是整个建筑行业要思考的问题。其中,数字化转型既是必然的要求,也是必然的趋势。

为什么一些建筑业企业尤其是中小建筑业企业,总感到数字化转型有点远?这是因为没有真正通过数字化得到自己想要的结果。数字化转型失败和成功之间真正的边界在哪里?清晰认识这个边界其实很简单,就是做任何数字化转型的项目,一定要抓住具体项目的具体价值。对照具体项目的具体价值去努力,一定不会失败,而对着一般概念去做,就很有可能失败。

数字化转型是要找到解决问题的根本办法。传统行业在走向智能化的过程中，不是用一个机器人和一个软件系统来模仿传统手工劳动过程，而是要探索在数字化的新形势下，建筑业如何才能做得更好。

任何手工操作变成自动化或者机器人操作，一定不是原来过程的重复。所以我们一定要从工艺、组件开始，研究用什么样的组件和工艺，对应什么样的装备、在什么样的平台和软件的支撑下才能减少劳动力的使用。

数字化十分重要，数字化转型的"数字"并不是抽象的，它是由具体的数字决定的。以某隧道透水事故为例，这个隧道项目做了数字化管理和数字化应用，但为什么会透水呢？出现这样的重大事故，在很大程度上是因为数字化不够，没有建立好模型，没有在模型基础上形成一个好的施工方案。在建施工方案模型的时候，一定要基于这条隧道的地质环境。由于对地质环境的分析不到位，有数字缺口，导致模型错了，施工方案就错了。所以，具体工程的数字化是至关重要的。

那么，数字化通过什么来实现，模型通过什么来转换？是软件。不管是整体的建造过程，还是具体进程中装备和过程的控制，都依靠软件进行，所以，首先一定要有真正让过程实现的软件。其次要有平台。为什么要有平台？因为通过平台能提高效率，可以实现成本下降、质量提升、维修服务及时方便，从而提高甲乙双方的工作效率。

在众多行业中，建筑业是少有的所使用的软件中国内IT（互联网技术）企业占主导地位的行业。制造业运用的是工业软件，但是工业软件90％以上都是由国外软件企业研发的。相比较而言，建筑业的数字化工具能够由国内提供，关键在于拥有强大的第三方。拥有强大的第三方的关键，是它的市场占有率必须达到相当高的份额。因为如果市场占有率不高，数字化工具就得不到提升。这里的关键在于创新，创新的基础来自一个个的实践。没有经过从实践中发现问题、提供解决方案的过程，数字化工具的水平就得不到提升。这是行业必须考虑的关键问题。

内容来源于《中国建设报》

贯彻新发展理念　加快建筑产业转型升级

文 / 王铁宏

住房和城乡建设部原总工程师
首都住房和城乡建设领域新型智库
首席专家

党的十九大报告指出，我国经济已由高速增长阶段转向高质量发展阶段，正处在转变发展方式、优化经济结构、转换增长动力的攻关期，建设现代化经济体系是跨越关口的迫切要求和我国发展的战略目标，必须以供给侧结构性改革为主线，不断增强我国经济创新力和竞争力。

建筑产业是国民经济的重要支柱产业，无论从产业规模、就业人数、"双碳"战略等，都对国民经济有着重大影响，同时也是实现数字化转型升级的最大场景，必须加大供给侧结构性改革力度，适应和引领经济发展新常态，突出实现建筑产业的绿色建造和高质量发展，真正实现"中国制造"+"中国创造"+"中国建造"。

当前，我国建筑产业正经历着深化改革、转型升级和科技跨越同步推进的发展过程。建筑产业总体发展格局是转型升级与数字技术深度融合，这就要求建筑产业不仅要转模式，还要转方式。

以 EPC 推动建筑产业方式转变

建筑产业要通过 EPC（工程总承包）模式等方式优化设计、缩短工期、节省投资，确保公共投资项目不超概算、不超工期、避免腐败。将 BIM 与互联网相结合，打造更高效的工程项目全生命周期应用场景，让工程项目建设更好更省更快。我国的建筑产业转型升级与数字技术融合发展，已然取得了长足进步，概括地说，突出体现在 3 个"绝配"，即"装配式 +BIM""装配式 +EPC""装配式 + 超低能耗"上，现在发展形势已经促使我们到了必须高度关注第 4 个"绝配"，即"装配式 + 智能建造"的发展上，其规模更大、产业链更长，建筑产业要适时地担负起历史责任。

BIM+ERP"双轮"驱动产业数字化

习近平总书记在浙江调研时指出，要抓住产业数字化和数字产业化赋予的新机遇。我理解，总书记已经为我们建筑产业擘画了数字化转型升级的发展方向，即一是产业数字化，二是数字产业化。

产业数字化，当前突出的就是项目级 BIM、企业级 ERP，我称此两项工作为产业数字化的"必答题"。现在我国的工程建设项目已经几乎"无 BIM 不项目"，但是要深刻认识到 BIM 应用中存在着四个关键问题。

一是自主引擎，即"卡脖子问题"。我们现在用的 BIM 核心技术引擎基本上都是国外的。中央领导高度重视这个问题，在四位院士和有关专家学者呈报的报告上做出重要批示，政府有关部门正在积极推动同步开展课题研究。我们刚刚有了一个"备胎"，但是应用量还非常少，我们要鼓励所有重大工程项目都主动采用自主引擎，这是应有的政治站位。据了解，北京怀柔科学城某重大装置项目率先应用自主引擎，取得了良好效果。

二是自主平台，即安全问题。现在你BIM、我BIM、他BIM，但是，我们用的三维图形平台基本上都是国外的，而且都是云服务。数据库在哪里？在国外。目前，国内已经有几家软件企业有了自主平台，要鼓励更多项目应用自主三维图形平台，特别是重大工程项目一定要用自主三维图形平台，最起码数据库应当在国内。

三是贯通问题。我们强调要全过程共享，就是设计与施工共同建模，今后运维也可以用。

四是价值问题，这是核心要义。我们为何要推广BIM？不是别的，就是因为可以带来价值。北京"中国尊"项目，在施工阶段应用BIM，就发现了多个碰撞问题，提前解决这些碰撞问题相当于给业主和总包方节省了2个亿的成本，缩短了6个月的工期，价值凸显。所以今后所有重大工程项目，用BIM一定要讲价值，要给业主方创造价值，为自己创造价值，还要准备好对接即将到来的"智慧城市"的要求。中国工程院院士丁烈云指出，推广应用BIM，不但要重视技术，更要重视价值。

关于企业级ERP，我们推行ERP几年了，但是建筑企业真正可以打通的寥寥无几。最近上海建工要全线打通集团、番号公司、区域公司和项目，不但打通层级还要打通管理、财务、税务三个系统，实现数据共享，这将是又一场革命。我们项目管理中的所有痛点和风险点都会通过ERP来解决。关于ERP也要关注自主引擎问题和自主平台问题，据了解，在ERP自主引擎和自主平台方面，我们国家已悄悄后来居上，值得期待。

以"BIM+"助力数字产业化

关于数字产业化，突出的就是抓好在BIM基础上的"5个+"问题，我称之为"抢答题"。

一是+CIM，就是智慧城市。这是中国工程院院士吴志强率先提出的概念。我们希望所有城市都能就某个区域提出发展智慧城市的规划。如果发展智慧城市，就会倒过来要求我们所有工程项目都要提供BIM大数据，因为BIM大数据要支撑CIM建设。那时，就不是建造方求业主方和设计方应用BIM，而是业主方倒过来求建造方与设计方共同应用BIM。

二是＋供应链。就是要发展供应链平台经济，潜力巨大，我国每年26万多亿元建筑业总产值中有一半是可以通过平台集中采购的，其价值在于：一是解决了中小微建筑业企业采购成本过高、享受不到普惠金融的问题；二是解决了广大的中小微供应商难以收回供货资金的风险问题。现在已经涌现出公共集采平台的雏形，达到千亿元规模，有几百家特、一级企业上线，免费上线，享受普惠金融，一般可节省3%～5%的成本。今后极有可能会发展形成若干万亿元级平台，那个时候节省空间将达到5%～8%，潜力空前，已然就是一场革命。

三是＋数字孪生。发展智慧城市将会为建筑产业创造新的更大的空间。每年有27万多项新开工项目，还有500万～700万项已竣工项目，需要实现数字化，要求BIM大数据。怎么孪生？把图纸变成BIM大数据是孪生，但是真正意义上的数字孪生是把实际工程通过北斗技术，结合无人机和精密测量技术实现毫米级的真实数字孪生。

四是＋AI智慧建造。如前所述，潜力巨大，现在刚刚开始。"中国尊"和武汉绿地项目已经在核心筒施工部分，实现自动绑扎钢筋、支模板、浇筑混凝土、养护，然后再自动爬升，实现了无人建造的概念。当然这还是概念，但是发展潜力很大。我们强调，一定是工厂智能化或智慧化＋现场智能化或智慧化，一定是结构＋机电＋装饰装修全面智能化或智慧化，才是完整的建筑产业智能化和智慧化。

五是＋区块链。国家决定在深圳、苏州、雄安新区、成都等城市率先推行区块链应用，对我们建筑业，区块链应用会带来什么？一是DCEP，实现数字货币的应用；二是所有的数据都是真实可靠且不可更改的。这对我们的诚信体系建设是一个重要基础，将是一场诚信体系的革命，对此也要重点关注，努力推动试点示范。

发展绿色建筑　推动"双碳"达标

在"碳达峰""碳中和"战略下，我理解我们是在原有的绿色化基础上进一步深入推动。比如，我们国家这几年一直在系统地推动建筑节能、绿色建筑，进而全面推动装配式建筑。在目前"双碳"战略下，我们要解决一个问题，就是在原有的"碳达峰"之前，还有哪些可能要用的碳没有统计在内。比如我们国家有广阔的夏热冬冷地区，现在人民群众有了新希望和新要求、新的获得感和幸福感，冬季要采暖，夏季要制冷，梅雨季要除湿。原来这个地区是没有碳排放的，今后可能要增加这部分碳排放。这就要在"碳达峰"之前未雨绸缪，加快解决。用什么办法解决？我们国家的技术发展还是能够应对这一挑战的，中共中央办公厅、国务院办公厅印发《关于推动城乡建设绿色发展的意见》明确，"建设高品质绿色建筑，推动高质量绿色建筑规模化发展，大力推广超低能耗、近零能耗建筑，发展零碳建筑"。保温、隔热、新风，在原有建筑节能和绿色建筑基础上再好一点，这三项技术就可以实现这个目标。在新技术加持下，夏热冬冷地区就可以冬季不用采暖，夏季不用制冷，只要一点点新风就可以，梅雨季新风还可以加热、除湿，这样来看，在"双碳"战略下我们可以大有作为。

除了这个增量问题，我们还要解决存量问题。今后我们的所有建筑方案都要比较碳排放量，那么要鼓励更多的碳排放量少的方案能够胜出，淘汰碳排放量多的方案。

综上所述，贯彻新发展理念，建筑产业要加快绿色化与数字化转型升级，是在绿色化基础上实现数字化转型升级。建筑业企业要首先充分答好产业数字化这道"必答题"，实现项目级 BIM 和企业级 ERP，还要在此基础上研究好 +CIM、+ 供应链、+ 数字孪生、+AI 智慧建造和 + 区块链这几道数字产业化的"抢答题"，在"双碳"战略下，全面把握好建筑产业绿色化与数字化的战略机遇。

"三造"融合　"四化"协同　推动行业高质量发展

文 / 毛志兵

中国建筑股份有限公司原总工程师
英国皇家特许建造学会中国区主席

2021年注定是不平凡的一年。它既是"十四五"规划的开局之年，也是两个一百年奋斗目标的交会之年。百年来，工程建设行业在党的领导下实现了跨越式的发展，建筑业作为国民经济的支柱产业，为我国的经济建设、国防建设、文化建设、人民生活的改善等发挥了巨大的作用。习近平总书记在庆祝中国共产党成立一百周年大会重要讲话中，提出向第二个百年奋斗目标迈进。建筑业是为国民经济提供物质基础的支柱产业，实现高质量发展关乎国家发展和人民的幸福，因此，站在这样一个具有重大意义的战略坐标点上，全行业必须深入思考数字化赋能新发展，思考中国建造应该如何迈向高质量发展新时代的命题。

当前，我国建筑业在生产方式上未完全实现工业化，劳动密集、发展粗放的特征依然比较明显，我们必须探索中国建造在新时代怎么能够实现发展方式的全面转型，绘就创新引领、绿色低碳、智慧健康新发展的蓝图。为此，在之前研究探索新型建造方式的基础上结合对新时代、新阶段、新目标、新要求的理解以及行业发展的现状和趋势，进一步提出建筑业要以"三造"融合创新来统筹"四化"协同发展，驱动行业的高质量发展，引领中国建造迈向建造强国。

着力构建行业高质量发展新格局

（1）谋大事者必先观大势。当今世界处于百年未有之大变局，新冠肺炎疫情的蔓延给整个世界的发展形势带来巨大影响，以中美关系为代表的大国关系正在发生深刻的变化，高质量发展成为必然选择。在此背景下，伴随着发展格局之变、科学技术之变、产业布局之变、竞争方式之变，运行相对独立、内部产业链相对完整的工程建设行业将成为我国稳就业、拉内需、保增长的重中之重，将成为国内大循环为主体、国内国际双循环相互促进新发展格局中的重要板块。如何推动工程建设行业高质量发展，着力解决发展不平衡不充分的问题，推动生产方式转型升级以及产业生态的优化调整，必须准确把握并发挥行业在构筑新发展格局中的作用。

（2）发挥对国民经济的"支柱"作用。国家统计局数字显示，2020年，全年全社会建筑业增加值72996亿元，比上年增长3.5%。全国具有资质等级的总承包和专业承包建筑业企业利润8303亿元，比上年增长0.3%，其中国有控股企业2871亿元，增长4.7%。可以预见，建筑业作为国民经济的支柱产业，地位依然相对稳固，在未来城镇化快速发展的较长时间内，建筑业仍将保持较大的产业规模，成为国家经济发展的重要引擎。

（3）发挥全产业链的"拉动"作用。建筑业是国民经济体系中带动能力最强的产业，带动建材、冶金、有色、化工等50多个产业的发展，建筑业产能已经超过50万亿元，极大地带动了国民经济的发展。

（4）发挥对外经济的"助推"作用。2020年，我国对外承包工程业务总体保持平稳发展，全年共在全球184个国家和地区新签合同额2555.4亿美元，完成营业额1559.4亿美元。2020年度ENR全球最大250家国际承包商中，我国内地有74家企业入围。上榜中国企业业务量以1200.05亿美元继续列全球首位，同比增长0.9%，占250家上榜企业国际营业总额的25.4%。伴随着"双循环"新发展格局下"一带一路"的深入推动，建筑业必将在壮大对外经济、拉动关联产业国际化发展方面持续发挥重要作用。

（5）发挥社会发展的"稳定"作用。建筑业在"六稳六保"方面发挥着重要作用，有效保障了社会稳定发展。

（6）发挥新基建应用"主战场"作用。未来，以新发展理念为统领，将形成"以新型城镇化为主战场，以建筑业与新基建协同共促为方式"的新城建模式，实现全面高质量发展。具体而言则是以创新发展理念破解城镇化难题，向智慧城市迈进；以协调发展理念促进产城融合，促进平衡发展；以绿色发展理念建设生态宜居城区，促进可持续发展；以开放理念吸纳先进经验成果，促进高效发展；以共享理念提升"城市温度"，促进公平发展。

"三造"融合、"四化"协同构建高质量发展路径

何为建筑业的高质量发展？这个问题并不容易回答。据了解，有关部委和研究机构立项了很多课题开展研究，我的理解是，建筑业高质量发展的内涵就是要在保持较大产业规模的基础上，高质量体现在产业整体竞争力更为强大，集中体现为资源节约、环境保护、过程安全、精益建造、品质保证，最终实现价值创造。

面对高质量发展的新要求，建筑业需要关注以下几个发展趋势：一是业态变化。建筑业已经开始向工业化、数字化、智能化方向升级；二是生态变化。建筑业需要注重绿色节能环保、低碳环保，需要与自然和谐共生；三是发展模式。建筑业增量市场逐年缩减，城镇老旧小区改造、城市功能提升项目等存量市场将成为新的蓝海；四是管理要求。建筑业企业需要提升质量标准化、安全常态化、管理信息化，建造方式绿色化、智慧化、工业化和国际化；五是融合协同发展。建筑业需要同产业链上下游企业、关联行业加强融合发展。

建筑业高质量发展的体系，从技术和生产方式的视角进行适当的分享与交流。我认为：

1. "三造"融合创新是行业变革的关键支点

对建筑业而言，如何借助中国制造、中国创造、中国建造"三造融合"推动技术创新和行业变革，将是建筑业实现高质量发展的根本路径。中国创造引领中国制造，中国制造支撑中国建造，中国建造推动中国创造和中国制造更好地向前发展，"三造融合"不但可以改变中国，还将影响世界，因为"制造+建造+创造"是建筑业生产方式变革的内在基因。

回顾建筑业的发展历史不难看出，建筑业的技术革命与钢铁工业、机械制造业、信息产业等工业部门的技术变化紧密相关。长期以来，我国建筑业生产方式总体上仍比较落后，还没有真正完成建筑的工业化。横向比较，制造业的先进性已经显著领先于建筑业，而生产效率、质量控制、环境保护等多个方面都具有明显的优势，因此，制造业先进技术向建筑业转移扩散，将是发展的必然趋势，以"制造+创造+建造"为特征，推动现代工业技术、信息技术与传统建筑业的融合创新，寻找建筑艺术与建造技术的完美契合点，探索研发、设计、制造、建造、服务的高度集成的新的生产与服务体系，代表了建筑业生产方式变革的内在基因，并在适应不同类型的建筑特点的要求下，创造更广阔的新技术应用成果。

当前，在新材料、新装备、新技术的有力支撑下，工程建造正在以品质和效率为中心，向绿色化、工业化和智慧化程度更高的新型建造方式发展，新型建造方式的落脚点体现在绿色建造、智慧建造和新型的建筑工业化，将推动全过程、全要素、全参与方的"三全"升级，促进新设计、新建造、新运维的"三新"驱动。

2. "四化"协同发展是行业变革的核心标志

在新的发展理念要求下，促使传统建造方式向节能、绿色、低碳、环保等现代化建造方式转变，推动中国建造的绿色化、智慧化、工业化和国际化的协同发展，是新时代面临的新任务，更是我们建筑业推动供给侧结构性改革的重要举措。

（1）绿色化是新理念的重要要求。面对严峻的碳排放攀升形势，为进一步加强建筑领域的绿色化和减碳力度，转变传统建造方式，大力发展绿色建筑，是实现降低建筑领域碳排放的重要举措，建筑领域除降低用能实现"碳中和"，更需要通过技术创新实现绿色发展，推动以建筑设计为主体的技术方法创新，推进空间节能和设备节能的融合，大幅降低供暖、空调、照明、电器等用能需求，促进部分时间、部分空间的低碳用能的理念落实，对减少建筑运行阶段的碳排放至关重要，在碳达峰、碳中和的目标下，未来零碳建筑、低能耗住宅等也将成为绿色建筑的重要发展部分。要紧紧抓住绿色建造是产业高质量发展的归宿。建筑业高质量发展的核心指导理念是以人为本，体现在为人民群众提供更高品质的建筑产品，打造更具价值的应用场景，提供更优质、更高效的建造服务。要兼顾人与自然，也就是要实现绿色建造，为此需要把握道法自然、承启中华、AI赋能的绿色建造发展路径，把在家园层面实现绿色生态作为建筑业高质量发展的根本归宿，通过推动面向未来的绿色建造的应用，把建造的绿色化水平由"浅绿"推向"深绿"，在未来的绿色建筑实现群落智慧的碳平衡，真正落实习近平总书记提出的"绿水青山就是金山银山"的理念。

（2）智慧化是新时代的关键引擎。从信息化到数字化、智能化，再到智慧化，已成为全球建筑产业未来发展的主要方向，是行业创新力和竞争力的直接体现。从工程建造的产业链来看，在BIM、大数据、互联网、人工智能等新一代信息技术的支撑下，建筑业数字化转型是大势所趋，工程建造从设计到施工、到运维的数字化转型持续加快，驱动数字建造向智能建造、智慧建造提升，新型建造得到了技术上的有力支撑。从各建造相关的主体看，无论是工程项目的管理模式、建筑企业的管理方式，还是宏观层面的政府监管，都在向数字化快步迈进，智慧建筑、智慧社区、智慧交通等支撑了智慧城市的基础设施建设，将社会发展提高到了新的高度。

（3）工业化是现代化的坚实基础。伴随着社会经济发展和城镇化水平的提高，国家对环保的要求越来越严格，施工现场的劳动力短缺和成本提升等问题在不断出现，对施工现场的作业方式、建筑节能降耗、建筑垃圾循环利用等提出了更高的要求，以工业化方式重新组织建筑业，是提高劳动生产率、提升建筑质量的重要方式，对带动建筑业全面转型升级、打造具有国际竞争力的中国建造品牌具有深远的历史意义。同时，新型工业化需要强调建筑、结构、机电、装修全专业一体化，规划设计、生产制造、施工装配、智慧运营的全流程一体化，其前提是设计与工艺标准。工业化建造也不应局限于装配式建筑，施工现场的工业化也是工业化的一种场景，比如空中造楼机、住宅造楼机等智能化产品就是施工现场工业化重要的表现方式。

（4）国际化是构建新格局的关键要求。当前国际政治经济环境复杂多变，各种不稳定因素交织，全球产业化的分工格局面临历史性的重大重构，大国竞争日趋激烈，新一轮科技革命和产业变革正在深入推进，边缘创新、跨界融合趋势明显，挑战和机遇并存。建筑企业实施海外战略，参与"一带一路"建设，打造人类命运共同体，将有利于新发展格局下，统筹利用国内国际两个市场、两种资源，深化国际产能合作，拓展国际发展空间，增强经济活力、影响力和抗风险能力。总之，建筑业要以更深邃的历史眼光、更高的目标站位、更强的使命担当推进国际化经营，充分发挥全产业链的优势，最大范围地参与全球竞争，整合全球创新资源，以技术标准带动产业国际化融合，坚持国际化视野，体现中国元素，积极推进工程总承包、工程全过程设计咨询服务等有效的国际惯例，加快建立市场诚信机制，推动与国际化接轨进程，向世界领先水平阔步迈进。

当前，我国进入高质量发展的新时代，为更好地应对可持续发展的挑战和行业转型升级，在新材料、新装备、新技术的有力支撑下，工程建造正在以品质和效率为中心，向绿色化、工业化和智慧化程度更高的新型建造方式发展。新型建造方式是中国建造突出的表现方式，是做大做强中国建造的重要支撑。新型建造方式就是指在工程建设过程中，以绿色化为目标、以智慧化为技术手段、以工业化为生产标志、以工程总承包为实施载体、以绿色建材为物质基础，实现建造过程的节能环保，提高效率，提升品质，保障安全。

展望未来，要以"双碳"目标为导向，以新型建造方式为抓手，推动全面转型升级，实现行业高质量发展，坚持在自主创新中做强中国建造、在质量提升中做优中国建造、在国际合作中做大中国建造，打造具有国际竞争力的中国建造平台，共同为中国城乡建设的绿色发展做出新的贡献。

建筑产业互联网开启数字化转型新格局

文 / 刁志中

广联达科技股份有限公司董事长

近年来,互联网、大数据、云计算、人工智能、区块链等技术加速创新,深度融入经济社会发展各领域全过程,数字经济发展速度之快、辐射范围之广、影响程度之深前所未有。习近平总书记强调,要把握数字经济发展趋势和规律,推动我国数字经济健康发展。如今,数字经济、数字中国已经上升为国家战略,为建筑业转型发展提供了基本遵循与路径指引。

作为时代之集大成者,建筑产业更要顺应时代潮流、把握历史机遇,以科技之伟力助推数字化转型升级,在数字经济的汹涌浪潮中蜕变腾飞,实现高质量发展。

新格局：建筑产业将在数字化时代重焕新生

建筑产业是国民经济的支柱产业，为社会经济发展做出了重要贡献，但同时也面临着生产效率低、资源浪费严重等突出问题，迫切需要转型升级。以人工智能、云计算、大数据、区块链为代表的数字化技术蓬勃发展，正加速推进全球产业分工深化和经济结构调整，重塑全球经济竞争格局。

人类社会正在经历一场百年难遇的大变局，各行各业都面临着数字化带来的挑战和机遇，数字化转型已经进入深水区，从消费端向产业端延伸。产业互联网成为后消费互联网时代推动数字经济发展的重要引擎。

数字时代，社会经济发展对建筑业提出了更高要求，"高质量发展"已成为"十四五"期间建筑产业发展的主旋律，这不仅是产业转型升级的内在诉求，也是不断满足人民日益增长对美好生活需求的必然选择，同时还是实现碳达峰、碳中和的重要举措。

无论建筑业怎么转型，围绕工程项目开展生产和经营活动始终是业务的原点。工程项目的成功与否决定着行业的进步和企业的发展，"让每一个工程项目成功"是建筑产业高质量发展的核心目标，实现这个目标不仅可以为建筑业企业带来可观的经济效益，也将推动建筑产业的转型升级，推动社会向绿色、集约化转变。

建筑产业的高质量发展，数字化转型是核心，建筑产业互联网是关键支撑。作为数字技术与建筑产业有效融合的"数字建筑"，是建筑产业互联网的具体体现，也是推动建筑产业数字化转型的核心引擎。

在数字建筑的强力驱动下，建筑产业将打造以"新设计、新建造、新运维"为代表的数字化场景，实现产业生产力、生产关系的重大变革。通过生产力、生产关系的迭代升级，建筑产业的整体发展将步入新的时代。

未来建筑产业将产生新的产业角色，产业链也会发生重塑，产业发展会产生发展逻辑、岗位角色、企业主体、组织形态的四个改变：产业发展逻辑由零和竞争向生态共赢转变；低效、重复、高风险的岗位将被人工智能所替代、升级；数字建造服务商等新角色成为产业核心，现有设计院+施工单位为主的产业生态中将涌现出数字建造服务商+新实体建造服务商等新的主体；组织形态也从多层级企业组织结构向生态型企业组织形态转变，整个产业将在数字化时代重焕新生。

新动能：数字建筑平台赋能产业数字化转型

建筑产业数字化转型需要数字基础设施支撑，需要产业互联网平台赋能。数字建筑平台作为建筑产业数字化转型的数字化基础设施，将贯穿工程项目全过程，升级产业全要素，连接工程项目全参与方，提供虚拟建造服务和虚实结合的"孪生"建造服务，系统性地实现全产业链的资源优化配置，最大化地提升生产效率，技术赋能产业链各方，为广大建筑企业提供产业核心能力。在此基础上，还将提供数字征信与基于大数据的金融保险等金融科技服务，为广大中小建筑企业解决资金难题。通过技术、产业能力和金融科技三个方面的赋能，数字建筑平台将构建产业数字化转型的新动能。

数字建筑平台的核心驱动力表现在对产业能力的沉淀方面。广联达的数字建筑平台正是牢牢抓住工程项目"设计、进度、算量、协同"的"四梁八柱"，经过多年的实践和积累，沉淀出产业核心能力，包括以BIM深化设计为代表的数字设计能力，以网络计划为代表的进度控制能力，以招投标算量、施工算量为代表的工程算量能力，以项目大脑、智能调度为代表的协同管理能力。

通过产业核心能力的沉淀，数字建筑平台将从产业、企业、项目三个层级全面推动建筑产业高质量发展。在产业层面上，数字建筑平台将推动建筑产业核心业务场景渐次升级与重构；在企业层面上，数字建筑平台将赋能建筑企业转型升级为数字企业；在项目层级上，数字建筑平台将赋能项目"多快好省"实现项目成功。

例如陕西建工集团通过数字项目集成管理平台等应用，打造出"项企一体化"管理新模式，提升了企业对重大项目的管控力度与管控效率，提高了集团生产经营分析与决策水平。上海宝冶集团通过项目管控平台的建设与部署，覆盖集团 10 余条业务线，支撑集团管控诉求。北京大兴国际机场航站楼建筑面积 780000 平方米，通过平台进行施工过程的模拟与优化，结构封顶比计划工期提前 12 天完成。深圳国际会展中心项目通过引入智慧工地系统，实现安全、质量问题实时追溯管理，隐患排查总数 8632 次，及时整改率达到 93%，隐患治理时长缩短约 55%。

新生态："两类主体"协同共生，"产业＋数字"融合发展

只有依托数字建筑平台，建立"生态共赢、融合发展"的新范式，培育建筑产业新生态，才能实现产业的高质量发展。

建筑产业新生态是"产业＋数字"双生态。一方面，建筑产业的主体仍然是建筑企业，所以产业生态中包含建设方、设计方、施工方、供应商等建筑生态链企业；另一方面，建筑产业数字化转型需要科技公司的参与，所以还会有数字产业生态，这些数字生态链中的企业将在产业大数据、产业应用等方面丰富完善建筑产业互联网，为建筑产业提供数字化增值服务。

通过"建筑基因"与"数字基因"双基因融合，"建筑生态"与"数字生态"双螺旋发展，构建资源共享、共生发展、多方共赢、无人受损的建筑产业新生态。

新生态的培育和建设，需要两类主体的共同努力，协同发展。一类主体是产业运营者，包含两个角色：一个是产业实体企业，特别是建筑龙头企业，代表产业最高生产力，是产业的核心主体；另一个是实体企业的数字化运营公司，像各大建筑企业的科技公司，是实体企业数字化运营的承担者。这两个角色都拥有产业的核心资源，如资金、品牌、业务等，都是不可替代的资源，同时也拥有能力，比如建造能力、投融资能力等，当然也有数字化的工具，像 ERP、BIM。

另一类主体是像广联达这样的建筑科技企业，定位是数字化使能者，懂行业，有技术，可以为产业实体提供数字化能力，是实体建筑企业数字化转型的有力帮手。数字化使能者也有两个角色：一个是平台服务商，提供的是平台化的综合解决方案，比如广联达的数字建筑平台。平台服务商有技术能力和数字化工具，但是不具备产业运营者所拥有的核心产业资源；另一个是应用服务提供商，提供各种端应用，主要是在工具层面为产业实体提供帮助。

新主张：三步开启建筑企业数字化转型之路

建筑龙头企业应如何完成自己的数字化转型？

建筑企业内部包含营销—设计—采购—施工—运维等业务环节。首先，建筑龙头企业通过自身的数字化运营公司，利用数字平台服务商提供的 PaaS 平台，进行快速的二次开发，提供符合自身企业特点的个性化平台 +App，沉淀其先进的产业能力，实现龙头企业各个业务环节的数字化。

在此基础之上，实体龙头企业要完成第二个挑战，利用数字平台强大的整合能力打通各业务环节，实现纵向的经营一体化，完成企业自身全价值链的数字化转型，助力客户实现成功。

同时，建筑龙头企业和数字化使能者一起，帮助产业链上的其他中小企业完成业务的数字化升级，方便地接入建筑头部企业的建筑生态中，让中小企业不仅增强了自身的经营和发展能力，也壮大了头部企业生态力量。

通过横纵的双向打通，"一纵到底、一横到边"，越来越多的建筑企业可以实现数字化升级与价值链生态整合，产生产业链、价值链贯穿后带来的高效联动效应，最终形成建筑产业新格局、新动能、新生态。

在这个过程中，数字平台服务商为实体企业的数字化运营公司、独立的应用服务商提供了数字化底座，打造了建筑业生态系统的数字基础设施，是实现产业数字化转型不可或缺的一类主体。广联达作为数字建筑平台服务商，希望未来能够与我们的实体企业一起，协同发展、共同努力，打造建筑产业互联网，实现建筑产业的数字化转型的宏伟大业。

建筑企业数字化转型要充分利用"三算"和"三化"

文 / 王广斌
同济大学建筑产业创新发展研究院院长

习近平总书记指出,世界正在进入以信息产业为主导的经济发展时期。我们要把握数字化、网络化、智能化融合发展的契机,以信息化、智能化为杠杆培育新动能。要推进互联网、大数据、人工智能同实体经济深度融合,做大做强数字经济。

近年来,我国建筑业转型升级取得明显进展,但主要依赖资源要素投入、大规模投资拉动发展,工业化、信息化水平较低,生产方式粗放、劳动效率不高、科技创新能力不足等问题比较突出,建筑业与先进制造技术、信息技术、节能技术融合不够,向数字化转型是建筑业实现产业升级的重要方向。

从现实情况看，一些企业对数字经济依然一知半解，对建筑业向数字化转型的重要性、迫切性认识不清，对转型可能遇到的问题、挑战准备不足。建筑业企业向数字化转型，必须有一双善于探索的"新眼睛"，要深刻理解后工业化时代经济发展的基本特征、充分了解商业经济发展规律和行业发展趋势、洞悉数字经济发展的根本性质和目标、认清和大力发展推动数字化转型的基础关键技术，才能走上以数字化驱动行业转型升级和高质量发展道路。

技术变革要服务于后工业化时代个性化需求

建筑业向数字化转型，是后工业化时代商业经济发展规律变化之下建筑业的必然选择。

近几年，经济学界逐渐达成一种共识：中国经济的工业化阶段基本完成，开始逐渐向后工业化阶段过渡，物质产品进入需要结构性调整的时代，商业经济发展趋势也随之出现变化。总体而言，工业化时代是一个标准化、去个性化的时代，而后工业化时代则是一个彰显个性的时代，个性化定制、柔性化生产开始成为企业的发展目标和范式。

这种变化，从《IBM 全球首席高管调研报告》（以下简称"报告"）中可以窥见一斑。

多年来，IBM（国际商业机器公司）商业价值研究院对多个国家不同行业的 5000 余名高管进行面对面访谈，其中一个主题是"对组织影响最重要的外部因素是什么"。2004 年调研启动时，"技术"因素排在第 6 位，而从 2012 年开始，"技术"超过"宏观政策""市场""人员技能"等因素，排到第 1 位。直到 2018 年，"技术"因素才被"客户"因素超越。这说明，技术已成为塑造企业未来最重要的外部力量之一。而近年来，我国数字经济的快速发展，已经证明新技术对经济发展的重要价值。

报告同时显示，技术、客户、合作是组织智慧转型的三要素，以开放的姿态面对客户影响、领跑数字实体融合创新、精心打造互动客户体验，将成为决定企业未来发展的 3 个关键因素。在后工业化时代，客户希望自己能被当成独特个体对待，这要求企业和所服务的人群之间进行更为紧密的互动、合作。

以客户独一无二的需求为出发点和归结点，决定了未来商业发展的趋势：一是要以技术变革推动行业企业发展，生产过程需要实体化、数字化紧密融合创新；二是供应链上下游企业必须采取积极、开放、合作的态度；三是要满足客户个性化需求，精心打造客户体验。这也是建筑业数字化转型的关键点。

在后工业化时代，客户需求个性化、信息化和工业化深度融合、供应链开放合作是经济发展的基本特征。这也是数字经济发展趋势和实现高质量发展的基本要求。建筑业企业必须顺应这一趋势，改变粗放型、劳动密集型生产方式，加快信息化、数字化、智能化转型步伐。

建筑业数字化转型基础关键技术是数字模型技术

要推动建筑业数字化转型，应当立足我国实际，借鉴工业发达国家制造业发展经验，明确推动智能建造发展的基础关键技术。

2015 年 9 月，德国西门子股份公司编写了《工业 4.0 实战：装备制造业数字化之道》，以基于模型的数字化产品定义（Model Based Definition, MBD）和基于模型的数字化企业（Model Based Enterprise, MBE）为主线，全面阐述数字模型技术在企业全流程和全产业链中的应用。

MBD 是将产品的所有相关设计定义、工艺描述、属性和管理等信息都附着在产品三维模型中的先进的数字化定义方法。其现代产品制造过程是对产品进行并行协同的数字化建模、模拟仿真和产品定义，然后对产品的定义数据从设计的上游向零件制造、部件装配、产品总装和测量检验的下游进行传递、拓延和加工处理的过程。实施 MBD 技术，需要完善数字化基础环境建设、数字化标准体系建设、数字化业务流程建设、MBD 设计制造辅助工具开发、企业信息技术团队和数字化文化建设。

MBE 的目标是建立数字孪生模型，通过产品系统和生产系统的全数字化建模和仿真，在工程设计和工艺设计领域应用大数据和预测性工程分析技术，逐步实现智慧工厂目标，实现向智能服务型制造转型。

数字模型技术是新型工业化、工业 4.0 发展的关键基础技术，是后工业化时代实现大规模个性化制造、产品创新变革的基础。该技术对建筑产业的创新变革有着重要的作用，可以说是后工业化时代建筑产业创新发展的"芯"和"根"。

数字模型技术最早被应用于美国波音公司 787 项目推广，将三维制造信息 PMI（3D Product Manufacturing Information）与三维设计信息共同定义到产品的 MBD 中，取得巨大成功。2003 年，美国机械工程师学会出台 MBD 相关技术标准。2013 年，美国国防部在所有供货商中强制性推行 MBD 标准。从 2009 年开始，美国政府每年组织 MBE 高峰论坛，已连续举办 11 届。

作为世界上最重视技术创新的国家之一，美国对数字模型技术的研发和应用十分重视，值得我们借鉴和学习。从目前来看，行业的数字化发展可以分为三个阶段（欧美地区将智能制造和工业 4.0 发展细分为六个阶段）。目前，我国建筑业正处于向以数字模型技术应用为主的第二阶段转型，面临不小的挑战，而走向第三阶段全行业全方位的智能建造阶段，还有很长的路。这也是 2003 年工业和信息化部将信息化发展分为产品信息化、企业信息化、产业信息化、国民经济信息化和社会生活信息化 5 个层次，并将产品信息化和产业信息化作为发展关键的重要原因。到了第三阶段，建筑产业链上下游要建成基于数字模型技术的数字孪生，全面实现协同发展。

建筑业信息化发展的关键和基础是产品信息化和产业信息化，这与数字模型技术所蕴含的理念一脉相承，也是集成了建筑业整个供应链和生产活动的智能建造发展的关键基础。从建筑业角度来看，国家和行业大力推行的

BIM（建筑信息模型）技术正是数字模型技术的代表，也是行业克服困难、实现成功转型的突破口。无论采用何种技术，我们都要高度重视建立企业和供应链数字模型技术的研发应用。

让知识和信息创造价值，是数字化转型的出发点和归宿

在数字化转型已成为全行业共识的前提下，建筑业企业必须正确理解数字化发展内涵，把握转型关键，才能跟上后工业化时代发展步伐。

数字技术已经无可争议地被认为是推动社会经济进一步发展的决定性技术。《IDC Future Scape：2020年全球数字化转型预测》显示，2020—2023年，全球数字化转型投资支出将达到7.4万亿美元。目前，全球市值最高的前十家企业中，数字技术相关企业已经占到七家。我国各种互联网＋新业态（如移动支付、共享出行、智能安防等）发展迅速，在某些方面已经处于领跑全球数字技术发展的位置。可以说，中国正处于数字经济将要发挥关键性作用的阶段。

数字经济包括两大部分：一是信息通信产业部分，包括电子信息制造业、电信业、软件和信息技术服务业、互联网行业等；二是数字经济融合部分，即传统产业由于应用数字技术所带来的生产数量、质量和生产效率提升，其新增产出构成数字经济的重要组成部分。建筑业企业的数字化转型，应当致力于数据和知识融合价值的创造。这是数字经济、数字化转型的出发点和突破口。

建筑业数字化转型，目标是把知识和信息应用于生产，以满足客户个性化的消费需求。具体而言，推进数字化转型，要做到企业交付到客户手中的产品，不仅有实体，还要有数字化模型；推进数字化转型，要做到企业生产、管理过程数字化，要建立完整、闭环的数字孪生体系，使产业链上下游实现协同发展。在这一过程中的创新，才是推动行业企业高质量发展的原动力。

知识创新是价值增量源头，信息通信技术是生产工具。行业企业必须认识到，转型追求的是知识和信息的创新，而不仅仅是获得"工具"。只有这样，才能把数字世界融入每一栋建筑，构筑数字孪生世界的起点；只有这样，才能建设建筑行业的工业互联网平台，实现建筑和城市间的数字连接。当明确了数字经济的基本内涵是知识和信息的价值得到极大彰显，明确了"知识创新是价值增量源头"这个关键点时，建筑业企业可以以BIM技术的深化广泛应用作为产业升级的抓手，切实通过BIM与IoT（物联网）、RFID（射频识别技术）等新技术的结合，使建筑业知识和数据的价值得到深化挖掘，实现真正的智能建造。

建筑企业向数字化转型面临的挑战：一是思维模式转变需要一个过程。2016年达沃斯经济论坛所作的报告提到，重塑建筑业的未来需要两个根本性突破——技术的飞速变革和思维模式的改变，建筑业企业要从一家通吃的竞争思维向共享共赢思维转变；二是技术、组织、流程、行业环境和商业模式需要变革。制造业的经验表明，企业数字化转型常常会陷于组织惰性这一"陷阱"，企业在追求数字化转型时会面临组织运营、制度环境和文化三大挑战。

面对挑战，建筑业企业应当如何应对呢？德勤咨询2019年"数字化成熟度"调查结果可作为答案：

德勤咨询将数字化分为"数字技术能让员工更好地与谁合作"（消费者、合作者、员工）和"指定数字化资质"（清晰的战略、战略转型、技术供应、经理鼓励使用、领导者具备技能）两部分，各行业受访者被要求为自身企业、行业进行1（最不成熟）到10（最成熟）的打分，数字化成熟度由某一行业受访企业的平均值决定。最终结果显示，建筑业数字化成熟度得分4.50，成熟度最低。这提醒我们，在数字化转型过程中，建筑业企业要使消费者、合作者、员工之间紧密合作，同时要有清晰的发展战略，是战略而不是技术在推动企业的数字化转型。《麻省理工大学斯隆管理评论》研究报告显示，较成熟的数字化企业关注通过集合社交媒体、移动互联网、数据分析和云计算等数字技术来转变企业的工作方式，不够成熟的数字化企业关注使用单独的某项数字技术来解决离散的企业问题，大多数年龄段的员工都想为致力于推进数字化进程的企业工作。因此，建筑业数字化转型，战略的制定是最关键的一步。

真正的探索之旅不是发现新的风景，而在于拥有一双新的眼睛。数字化转型是大趋势，但是行业企业要抛弃旧思维，用"新眼睛"看透彻数字化转型内涵，要认清商业经济发展规律，明确数字经济的性质、目标，大力发展基础关键技术，推动思维模式、技术创新、生产管理方式以及商业模式系统性变革，才能走上智能建造康庄大道，实现我国建筑业企业高质量发展的新范式。

体系化推进　企业数字化转型方向思考

文／陆　峰

中国电子信息产业发展研究院
电子信息研究所副所长

2021年是"十四五"开局之年，在国家"十四五"规划中，将"加快数字化发展　建设数字中国"作为一个单列篇章来部署，放到全面建设社会主义现代化国家的第一个五年计划里，明确提出"迎接数字时代，激活数据要素潜能，推进网络强国建设，加快建设数字经济、数字社会、数字政府，以数字化转型整体驱动生产方式、生活方式和治理方式变革"。不仅如此，"十四五"规划还将"数字中国"建设提到前所未有的高度，明确提出2025年数字经济核心产业增加值占GDP比重提升至10%。这意味着，"十四五"期间，数字经济、数字社会、数字政府建设将进入快车道。那么在此背景下，建筑企业要想赶上数字经济快车，需要提前规划、明确路径并强化落实，在数字时代书写高质量发展新篇章。

数字化引发经济社会变革机理

过去十几年可以说是全球新一轮信息技术和产业变革的蓬勃发展期。云计算、大数据、物联网、人工智能等新一代信息技术层出不穷,有人将这些众多的技术概念称为"新概念的雾霾"。但我认为,每一种新技术的出现都有其存在的合理性和道理,它们从不同层面推动了整个经济社会的数字化转型。

1. 移动互联基础设施：改变产业发展连接关系。

移动互联网作为一种通用基础设施普遍应用于经济社会各领域,改变了产业发展的连接关系,构建起几乎实时的强连接关系,弥补了各种信息不对称,为网络市场、位置服务、协同创新、精准服务带来了可能。这种强连接关系将为产消关系、客户关系、供应链关系、竞争关系等带来前所未有的变革,为产业服务创新和商业模式创新创造了可能。

2. 网络通信基础设施：降低产业发展运行成本。

信息技术与经济社会各个领域广泛渗透,创造了一个新的空间—— 网络空间。物理空间中发展受到各种环境资源约束,使得企业发展空间有限,但网络空间不受环境资源约束,因此将成为未来企业把握生存主导权的又一重要战略要地。很多网络平台的模式都是高成本投入和开发,低成本运营,但在其运营过程中,计算成本、存储成本、通信成本都是极低的,这就让很多过去在物理空间中难以做成的事在网络空间中得以实现。

3. 云计算基础设施：创新产业资源使用模式。

20年前,如果企业要做信息化,CIO首先想到的是要建机房、买服务器、买软件,整个建设周期会比较长。但是随着数字化快速发展,可以通过云计算把计算服务剥离出来,这就大大降低了企业的数字化建设成本、缩短了数字化建设周期。从整个经济社会发展的角度来看,从工业经济到数字经济时代,很多公共服务都在不断地从专业性企业中剥离出来,比如供水服务、供电服务、通信服务、计算服务等。

4. 网络平台基础设施：重组产业发展组织模式。

近几年，网络平台基础设施改变了产业的组织模式，对产业链上下游产生了深远的影响。过去销售模式是线下门店时代，谁抢占了关键的地理位置，谁的东西就容易卖出去，比如城市交通枢纽等；如今则是电子商务时代，谁掌握了网络平台，谁掌控了网络流量，谁就更有发展优势。习近平总书记强调，要着力推动互联网和实体经济深度融合发展，以信息流带动技术流、资金流、人才流、物质流。今天网络平台引领着物资流、技术流、资金流，它促进供需对接、重构价值流向、降低试错成本，让网络平台拥有很强的竞争力。

5. 网络软件基础设施：促进产业发展服务创新。

软件是非常重要的基础设施，这一点我们应该都深有体会，尤其是在中美贸易战之后，如果说芯片是"卡脖子"，那么工业软件就是"卡头"。因为工业软件不是简单的流程定义，而是工艺、技术的软件化封装，这需要企业长期的积累。今天的软件不仅是技术和工艺封装的问题，还是一种算法、模型、业务规则和治理规则，是核心竞争力。比如滴滴重新定义了司机和乘客之间的匹配关系，微信重新定义了我们的社交模式。但滴滴不仅仅是简单的业务供求对接平台，还是一种游戏规则，决定了哪些司机可以拉到更多乘客，哪些乘客可以快速地打到车。当然，我相信任何一家大型互联网公司都是本着"科技向善"的理念来制定这种游戏规则的。

6. 工业互联网基础设施：智能工业发展的加速器。

工业互联网兼容吸收了互联网技术、服务、思维和工业技术工艺，是制造业和互联网融合发展的产物，是新工业革命时代不可或缺的工业基础设施，是推动工业转型升级、推进高质量发展、构建现代经济体系至关重要的抓手。发展工业互联网对发展先进制造业、拓展网络经济新空间、推进制造强国和网络强国建设都具有十分重要的意义。工业互联网为产业资源整合带来了新机遇，工业互联网平台构建起了产业生态圈中信息交换的核心枢纽，促进了产业资源快速集聚和有效整合，成为核心企业产业互联网时代构建产业生态圈不可或缺的抓手。

7. 数据应用基础设施：优化产业发展资源配置。

以信息流带动技术流、资金流、人才流、物资流，促进资源配置优化，促进全要素生产率提升，为推动创新发展，转变经济发展方式，调整经济结构发挥积极作用。企业数字化的本质就是以信息流试错取代技术流、资金流、人才流、物资流试错，从而降低试错成本。要以数据应用创新提升企业对人员、物资、资金、安全等全方位精细化管控、在线管控、即时管控等能力，提升事前预测、事中预警处置和事后溯源能力。要充分发挥产业互联网平台信息桥梁和纽带作用，彻底打通消费、研发设计、生产制造、物流营销各环节数据，助力各环节数据无缝对接和快速流动，降低各环节信息处理成本和时间，提高业务信息处理能力，增强业务响应能力。

8. 物联网基础设施：提升产业信息交互能力。

与刚刚提到的软件一样，物联网也有着较高的行业门槛，任何信息技术企业都可以将自己标榜为互联网＋企业、大数据＋企业、人工智能＋企业，但物联网除外，因为它涉及传感芯片，有着较高的门槛。物联网技术非常伟大，如果没有物联网，就无法打通网络空间和物理空间之间的信息交互，数字孪生城市、网络空间也将不复存在。物联网应用创新了社会治理模式，促进了各领域的绿色低碳发展和社会资源的共建共享。但同时，我国物联网发展仍存在核心技术受制于人、网络安全问题延伸、物联网管理制度不健全等问题，尚需继续在打造自主可控的物联网产业生态圈、加强物联网安全监管等方面下功夫。

9. 人工智能基础设施：提升产业智能运行水平。

作为新一轮科技革命和产业变革的战略性技术，人工智能技术发展将对全球经济发展、社会进步、国际政治经济格局等方面产生重大而深远的影响。抓住新一代人工智能发展的重大机遇，加速推动人工智能和经济社会融合发展，有利于促进我国科技实现跨越发展和后发赶超，有利于促进我国经济社会发展全面提档升级，有利于我国在新一轮国际竞争中赢得先发优势。智能化是一个永无止境的过程，人工智能的应用需要考虑场景、算法模型、投入成本等一系列因素。比如工厂里的机械手臂，根据不同应用场景，可以是一个简单的自动化装备，也可以是一个数字化装备或人工智能装备。但是，对人工智能而言，为人服务是最难的，还需要不断努力。互联网提升了连接能力，大数据提高了洞察能力，人工智能作为和互联网、大数据同等重要的通用目的性技术，在经历潮起潮落、曲折上升的六十多年发展后，由于相关技术群体性的突破，正在迎来新一轮飞跃式发展，释放出很强的经济社会溢出效应。迈入新时代，牢牢把握新一代人工智能发展的重大战略机遇，充分发挥好人工智能"头雁"效应，大力发展人工智能技术产业，深化人工智能和经济社会发展融合，不仅是促进科技创新、产业升级、治理提升的需要，更是推进数字中国建设和迈向智慧型国家的必然路径选择。

10. 区块链基础设施：护航产业价值安全流动。

最后一个技术是区块链，也是最近几年的热词。区块链确实是一个非常厉害的技术，但是杀鸡不能用牛刀，区块链跟实体经济深度融合，需要考虑运行效率、用户体验、投入成本、产出效益和监管许可。区块链应用了分布式算法、分布式存储、非对称加密算法，一定程度上会增加成本投入。在这种情况下，企业就会权衡到底要不要用区块链技术，因为企业一定是在安全与发展之间寻找平衡点的。

"十四五"企业数字化转型路径

数字化转型是用信息技术全面重塑企业经营管理模式，是企业发展模式的变革创新，是企业从工业经济时代迈向数字经济时代的必然选择。加快推进企业数字化转型，打造数字时代企业业务运行模式，构建企业数字竞争力，是推动产业转型升级和高质量发展的必由之路。企业数字化转型不是简单的新技术的创新应用，是发展理念、组织方式、业务模式、经营手段等全方位的转变，既是战略转型，又是系统工程，需要体系化推进，重点是抓住八个关键点。

1. 战略规划是企业数字化转型的思想引领

数字化转型是企业发展理念、组织方式、业务模式、经营手段等全方位的变革，需要统筹规划、顶层设计、系统推进，做好企业战略规划则是保障数字化转型成功的关键。一是要做好企业业务发展规划，适应数字社会和网络时代发展趋势，充分分析市场和用户需求变化，以及内外部资源条件禀赋，谋划好数字化条件下企业业务新的发展模式和推进路径。二是要做好人才保障规划，根据业务数字化发展需求对人员素质要求的变化，及时做好各个环节人员知识结构的调配，让信息素养成为各业务环节业务人员知识要求的标配，让人员保障成为各环节数字化转型的发动机。三是要做好薪酬激励规划，建立与信息技术人才社会价值相适应的薪酬激励体系，激发信息技术人才干事创新的活力。

2. 路径选择是企业数字化转型成败的关键

路径选择关系到企业数字化转型的成败，不同行业、不同规模的企业因其资金保障、技术支持、业务模式等不同，其数字化转型的路径也有所不同，合适的转型路径选择有利于企业更好地充分利用各类资源加快推进数字化转型。

一是针对中小企业，数字化转型技术支撑服务更多的是依托外部资源，借助外在力量，可以依托供应链上下游的协同来倒逼企业数字化转型，采用云计算、电子商务、智慧物流、网络安全保障等大型行业性的信息技术服务商的服务，完善企业各环节数字化保障。

二是针对行业大型企业，企业数字化转型不仅要考虑企业自身需求，还需要统筹产业链上下游，除了采用社会通用的信息技术服务之外，还需要依托自身体量优势，积极发展面向行业的专业性公共信息服务，依托专业性公共信息服务完成企业行业角色的转变。

3. 企业上云是企业数字化转型的首要任务

企业上云是转变企业数字化发展模式的重要途径，是推进企业数字化转型的关键步骤。企业信息系统上云上平台，有利于业务信息系统升级改造和互联互通，有利于业务数据的自由流动，有利于数字化建设成效更好地发挥。一是按照先易后难、先外部后内部、促进业务创新等原则，做好企业上云规划，谋划好云端业务信息系统部署需求和部署方式。二是积极推进已建信息系统通过升级改造向云平台迁移，更好地提高其业务弹性负载、运维安全保障和系统互联互通等能力。三是基于云平台开展企业新建业务系统规划，鼓励采购成熟的 SaaS 云业务系统服务和大型 PaaS 云平台开展企业业务系统建设。

4. 数据打通是企业数字化转型的技术路线

数据流是企业生存的血脉，是企业构建数字经济时代核心竞争力的关键。打通企业各个环节留存数据，促进业务数据在企业各个环节的快速流动，有利于降低数据使用成本，有利于企业信息流引进物资流、资金流、人才流和技术流，有利于更好地促进企业业务创新和发展方式转变。一是构建企业大数据中心，统筹规划企业数据资源，建立企业基础信息库、业务信息库等，推进各类业务信息系统数据和系统分离，实现企业数据资源统一规划、统一存储和统一管理。二是根据业务数据流动需求，加快企业信息系统升级改造，推进企业信息系统互联互通，确保数据能够根据业务应用需求实现无缝流动。三是构建企业数据开发利用统一支撑平台，完善数据开发利用规则，健全数据治理机制，以数据应用创新推动业务创新变革。

5. 适应变革是企业数字化转型的创新导向

企业数字化转型不是简单地上一堆信息系统就一劳永逸的事情，是一个与时俱进、变革创新、持续推进的动态过程。企业数字化转型需要适应信息技术的变革创新，适应社会消费需求的变化，适应社会运行模式的转变，才能让企业创新成为引领社会发展的风向标。一是要适应信息技术的变革创新要求，不断加强互联网、大数据、人工智能、区块链等新技术应用创新，提高对业务创新技术支撑能力，最大限度地释放新技术促进业务变革创新的红利。二是适应社会消费需求的变化，积极利用信息技术，丰富服务渠道，创新服务模式，优化服务手段，提供与消费者新需求相适应的服务。三是适应社会运行模式的转变，大力拓展网络空间新服务，提供数字化、网络化和智能化服务。

6. 供给改革是企业数字化转型的关键保障

简单易用、标准通用、性价比高的信息产品和服务供给能力不足，是当前制约企业数字化转型速度的至关重要因素。大力推进面向企业的信息产品和服务供给改革，提供满足企业信息化和工业化深度融合的易装、易联、易通、易用的信息产品和服务，才能彻底消除企业数字化转型的核心障碍，加速企业两化深度融合。一是发展满足行业业务需要的专业性云服务，打造开放竞争的专业性云服务市场，强化云服务商之间的互联互通，破除限制云服务迁移的障碍。二是推进企业数字化装备的标准化，加快数字化装备专业操作系统、设备硬件接口、网络连接协议等标准化，促进设备互联互通和数字应用迁移。三是大力发展面向制造业等行业的信息系统集成服务，提高行业信息系统集成服务能力。

7. 人才保障是企业数字化转型的核心动能

企业竞争归根到底是人才比拼，企业数字化转型不是简单的信息技术应用，而是需要为企业打造一支能够适应数字时代业务发展的战略军。企业只有拥有了一批具备先进数字理念、数字技能、数字业务能力的人才，企业数字化转型才会有源源不断的动能。一是加强企业数字化战略人才保障，成立企业数字化转型战略研究团队，持续推进企业数字化转型研究和讨论。二是加强企业数字科技创新人才保障，提高信息技术研发、集成应用和运维保障等领域人员比例，增强信息服务部门保障能力，以技术创新和先行应用引领企业数字化转型。三是提高企业全体员工信息素养,加强员工信息技能培训,弘扬信息文化,营造人人拥抱信息技术的企业发展氛围。

8. 体制机制建设是企业数字化转型的持续保障

企业数字化转型不是简单的新一代信息技术应用,是企业构建数字化条件下经营管理模式的一次大变革,需要从体制机制层面加快改革创新,构建适应数字化发展的企业运行体制机制。一是构建适应企业数字化运行的组织机制,适应信息技术发展特点,创新企业组织管理机制,加快企业管理层级的扁平化和放权,畅通企业信息流通渠道,消除管理冗余,提高应对市场变化的响应能力。二是构建适应企业数字化发展的激励机制,加强对信息技术研发人才、新技术创新应用人才、数字化转型管理放权人员等的激励,调动各方面推进数字化转型的积极性。三是构建引领企业数字化发展的投入机制,持续加大信息设备升级改造、新技术试验应用等方面的投入,以新技术试验应用投入引领企业业务数字化转型。

工程咨询企业数字化转型之路

文 / 吴佐民

北京广惠创研科技中心主任

近年来,伴随数字中国建设上升为国家部署推进的重大战略,各行各业进入数字化时代。《住房和城乡建设部办公厅关于印发工程造价改革工作方案的通知》(建办标〔2020〕38号)(以下简称"38号文")的发布,使得工程咨询企业的数字化转型迫在眉睫。新形势下的工程咨询企业要发挥数据的基础资源和创新引擎作用,做好企业的数据采集、加工、应用,全面重塑和提升工程咨询企业的能力体系和发展水平,才能在竞争中占据优势。

造价市场化改革的历程

造价市场化改革与我们国家改革开放的进程是一致的,1985年以后造价行业价格双轨制以后就存在着工程造价管理的改革,特别是 1992 年提出量价分离、固定量、指导价、竞争费等原则，标志着我国的价格由原来的计划经济体制的政府定价向政府指导价这个方向发展。2001 年我国加入世贸组织以后，2003 年我国推出工程量清单计价制度，这个制度标志着我国开始由价格属性向市场调节价格的过渡，但是一直受政府发布定额的影响。2014 年，党的十八届三中全会之后，发挥市场在资源配置中起决定性作用的战略性指导思想，推出《关于深化工程造价管理改革的指导意见》（以下简称《意见》），这次又推出"38 号文"，实际上仍然是市场化改革的思路。

《意见》的核心有两点：一是取消招标控制价，依据政府发布的定额来进行编制；二是政府逐步停止发布预算定额；三是政府要加强工程造价的数据服务，提供一些政府投资项目和国有投资项目的概算指标、估算指标以及指数，进一步加强造价的市场化服务，提供一些工程造价信息的服务平台，确定要素价格由市场主体进行发布；四是加强造价工程建设领域各方主体的责任（加强建设单位自身工程造价数据库的建设并且可以依据工程造价数据库来编制最高投标限价。工程造价数据库应该是一个广义的概念，既包括整个建设项目的工程数据，也包括工程定额、要素价格，这些都是数据库的内容）；五是要加强合同的履约管理，加强期中支付，加强过程结算，以进一步防止拖欠工程款和拖欠农民工工资等。前两条是比较核心的内容，也是大家最关注的重点。

在完善工程计价依据发布机制中，提到取消最高投标限价，按定额计价逐步停止发布预算定额，这是否意味着定额要取消了？对此，我认为这是政府在调整定额的作用，人材机的要素消耗是一个客观存在，政府取消预算定额的发布不等于定额就不存在了。定额要回归它用于工料计划、施工成本管理的作用，即它应有的本职作用。

数据在工程造价中的价值

市场化改革方案中提到了加强工程造价数据积累，利用大数据、人工智能等技术为概预算编制提供相应的依据。我认为，政府此次调整定额的作用也是期望建立工程造价真实数据的产生机制，某种程度上，是激发企业的创新和竞争活力，让企业逐渐走向前台，把建设工程中的数据作为生产要素提供给工程建设各方。在大数据背景下，我们应该充分利用互联网、人工智能、大数据这些技术采集来自市场、现场的真实数据，建立一个长效、真实数据的产生机制，这对整个社会的发展意义重大。

当然，这对我们来说也是一个极大的挑战。过去工程造价数据的源头来自定额。如果定额不真实，积累的数据就不会真实，失去了它的鲜活性。我们说大数据的一个基本前提是来自生产生活中的痕迹数据，它一定是真实的数据。有了这样的真实数据，再利用现代信息技术或者数字技术，按照定额的原理编制工程造价的数据将更有意义。

数据一定要来自真实场景。真实场景主要来自两个方面：一是来自施工现场的数据。如果做成本管理，人材机的要素消耗必须来自施工现场的数据。二是来自交易现场的数据。来自市场和现场的数据才有价值。

要编好这个工程造价数据还有很多基础工作要做的，比如需要工程造价咨询企业的作业平台，要有数据分析系统、全面项目管理系统等，实现从决策、设计、施工以及运维等各阶段的数据贯通，形成各种数据的逻辑关系、关联关系，这样数据将产生更大的价值。

工程咨询企业的数字化转型

针对咨询企业，我们做了一些调查，目前的工作状态基本是工具加 OA 的状态，即一个简单的企业办公系统加上各种计量计价工具软件。在目前这种状态下，企业做好数字化要解决三个层面的问题：一是尽量把很多工作工具化。用软件进行工具化，现在大部分都做到了。二是从工具到系统。若做全过程工程造价管理或者全过程工程咨询，还需要系统化软件。要实现全过程需要把各阶段的工程造价数据串联起来，这需要系统化软件，实现从工具到系统。三是要从系统走到平台。这个平台解决的是企业和企业之间的交互，系统和系统之间的交互问题。这样来看，我们数字化的路还有很长一段时间要走，要从工具到系统再到平台，当然了平台上要承载系统和工具。

工程咨询企业的业务工作平台主要有三个方面：

一是前面提到的一个作业平台，实现各类业务的在线化，各类产品按照数字化的思维在作业平台上完成。

二是数据分析平台，要把作业场景中的各类数据积累下来。这类数据包括业务数据、管理数据、经营数据，积累下来后不断产生数据，再做数据分析，通过算法将数据衍生出更多可用场景数据，自用的、他用的都可能形成数据分析和应用的一个系统。

三是全面的项目管理系统，实现整个项目的价值管理、工程造价咨询及项目管理，更多地关注业务集成。每个专业都有其壁垒，造价咨询首先要有专业的精细性，对每一个专业进行精细的作业，未来平台化能够实现高效的专业分解、快速的系统集成。

通过集成管理实现快捷的工作任务分解，便于企业资源配置和工作协同，提高效率和质量，这也是平台化和数字化的最大价值。

在数字化过程中，有一个需要关注的点，就是数据解构。所谓数据解构，就是要让数据自带标准化的属性，便于后续进行数字化的记录。第一，数据进行数字化的标识，让数据自然地带有标准化的属性。有了标准化的属性，后续数据才能够应用。第二，标准化后的数据无论是模型还是历史数据，在不同场景下产生的数据因为有场景更便于理解。第三，通过数字化的一些平台自动推送相应的工作模板、工作过程中应用的数据。比如建设一个酒店，这个酒店的投资估算编制模板是什么样的，概算模板什么样的，估算阶段和概算阶段的指标是什么样的，具体到一个桩基，桩基费用等能够实现自动推送。第四，有了数据分析系统，还要做一些相应的辅助工作，把这些数据整理起来便于工程数据的复用。第五，这些数据有一部分是自用的，当然也有一部分是可以他用的。有了平台可以实现数据的不断积累、应用，反复迭代大数据才会产生价值。

数字化转型任重道远

在数字化进程中，企业可能遇到两大瓶颈：一个是产品的数字化；另一个是组织的数字化。

1. 产品的数字化

在产品的数字化方面，我们面临着技术变革，以往做项目都是一单报告，是一个基于项目的报告。以后我们要把做的咨询产品、咨询业务看成数字化的产品。数字化产品怎么组合、怎么分解，把每一项工作都看成一个零部件的生产，通过数字化的解构来实现高效的专业分解和高效的集成。要按产品的思维，把每一个报告都进行产品的数字化标识，这是产品的数字化。

2. 组织的数字化

组织的数字化就是造价咨询企业和工程建设的参与各方要围绕数字化产品，改变原有的生产关系，进行组织变革。要按以后数字化的企业进行数据的积累和知识产权保护，让数据发挥资源化的价值，让行业能够更好地在技术推动下实现专业发展。

新视点：

深化数字化改革创新
打牢"中国建造"工业化转型基础

主持人：

王铁宏　住房和城乡建设部原总工程师

　　　　首都住房和城乡建设领域新型智库首席专家

研讨嘉宾：

王广斌　同济大学建筑产业创新发展研究院院长

叶浩文　中国建筑集团有限公司首席专家、特聘研究员

　　　　中建科技集团有限公司首席专家

耿裕华　达海控股集团有限公司董事局主席

胡　丹　湖北省工业建筑集团有限公司总经理、党委副书记

邹建刚　中亿丰建设集团股份有限公司董事长

袁正刚　广联达科技股份有限公司总裁

习近平总书记在浙江考察时指出，要抓住产业数字化、数字产业化所赋予的新机遇，这为建筑业数字化转型升级指明了方向，即做好建筑产业数字化和数字产业化两篇"大文章"。数字经济已然成为当前对冲疫情影响、重塑经济体系和提升治理能力的重要抓手，向数字化转型是各行各业转型升级的重要方向。建筑业转型升级，走向高质量发展，数字化转型是必由之路。

▶ ▶ ▶ **CIM建设需技术创新、制度流程和人协同发力**

王铁宏： 建筑业数字产业化是在BIM（建筑信息模型）应用基础上+CIM（城市信息模型）、+数字孪生、+供应链、+AI（人工智能）智慧建造以及+区块链应用等。建立CIM已是大势所趋。雄安新区是千秋之城、未来之城，建设过程对标国际前沿，是一座全球领先的数字城市。同济大学全力支持、主动服务雄安新区规划建设，请王广斌院长谈谈雄安新区推动CIM建设的经验和做法。

王广斌： 雄安新区总体规划中明确提出"坚持数字城市与现实城市同步规划，同步建设"，这就是"数字孪生城市"的概念。
雄安新区规划建设BIM管理平台内容包括一个平台、一套标准。一个平台指雄安新区规划建设BIM管理平台（一期），包括数据层、应用支撑层、应用层，覆盖现状空间、总体规划、详细规划、设计方案、工程施工、工程竣工六大环节的展示、查询、交互、审批、决策等服务，实现对雄安新区成长全过程的记录、管控与管理。一套标准指数据管理标准体系，实现新区规划建设管理上述6个阶段数据的全流程打通，为数字空间现实化以及现实空间数字化制定准绳。
在这样的规划和系统平台下，任何一座建筑、任何一条道路、任何一座桥梁在建设之前，都要在管理平台上进行模型审批，在规划建设使用的全生命周期实现数字与实体同步。这在世界上是完全创新领先的，也极富挑战性，在做整体顶层规划设计时，要有一系列配套制度、技术方案、人员知识能力体系建设做支撑。

BIM是数字城市建设的基石，没有BIM就没有CIM。CIM是一个集成的、融合的、包容并蓄的数据管理平台。研究表明，要真正做到数字城市与现实城市同步规划、同步建设，需要做到以下几点：一是系统性的总体规划和顶层设计至关重要，要明确工程建设每个阶段平台的用户是谁、精确需求和应用场景如何，并有针对性地进行规划建设。二是制度、政策和标准的建设至关重要，制度、标准贯穿于所有组织、环节中，是行为规范。三是知识能力体系建设至关重要，数字孪生城市建设对行业的数字化建设水平要求完全区别于传统做法，要求极高。雄安新区也借鉴国际经验，建立共享学习平台。四是明确BIM和CIM的重要性至关重要。五是在建设过程中，要充分兼顾数据安全性和系统开放性。

▶▶▶▶ 智能建造为"中国建造"奠定工业化基础

王铁宏： 实现建筑产业数字化转型升级的最大场景是智能建造，这是未来方向。请中建科技首席专家叶浩文从企业实践角度谈谈智能建造发展体会。

叶浩文： 智能建造的发展，是充分应用BIM、互联网＋、物联网、大数据、人工智能、云计算及虚拟现实等信息技术与机器人等相关设备，通过人机交互、感知、决策、执行和反馈，尽可能地解放人力，从体力替代逐步发展到脑力增强，从而提高工程建造的生产力和效率，提升人的创造力和科学决策能力，从而真正为中国建造奠定坚实的工业化基础。

智能建造重点研究包括数字化设计、智能工厂、智能施工、智慧工地和建筑机器人等方面。在数字化设计方面，要打造BIM一体化协同工作模式，实现"全员、全专业、全过程"的"三全"BIM信息化应用，并利用基于BIM的"正向设计"打通工程管理链条，实现信息快速共享和工作高效协同。

近年来，中建科技抓住机遇，打造了"全系统、全过程、全产业链"协同的一体化、智能化建造平台。一体化、智能化建造的创新发展与信息技术深度融合，在设计阶段将充分运用数字化设计技术；在生产阶段将充分运用智能化生产技术；在施工阶段将充分运用智慧化施工技术，实现一体化建造全过程的数字化、智能化和智慧化，从而全面提高工程建造的整体质量、效率和效益。实现工程建设的高效率、高效益、高质量和高品质。

▶▶▶ 实现项企一体化是施工企业数字化转型关键

王铁宏： 建筑产业数字化核心是全面实现BIM（建筑信息模型）以及在BIM基础上实现项企一体化。请袁正刚总裁、胡丹总经理谈谈BIM目前发展现状以及项企一体化发展情况。

袁正刚： BIM是建筑业数字化转型的核心技术之一。工程项目是建筑业的核心业务，工程项目的数字化管理，BIM应用是重中之重。

当前，BIM发展较为缓慢，主要有几个误区：一是企业误将BIM完全等同于建模，定位不明确，没有解决实际问题。作为BIM软件的提供者，思考的第一件事是最大限度地减少建模的成本和时间。譬如广联达最新发布的数维建筑设计产品，目标就是大幅降低建模难度和成本，并结合本土设计规范和习惯，实现软件易用高效；从方案、施工图到施工深化，实现高质量的流程数据无缝连接，打破数据孤岛；设计业务数据和工程施工数据充分融合，实现设计、算量、施工一体化。

二是BIM要发挥作用，必须做到全数据化。BIM中信息的价值要发挥出来，要真正用于指导决策。以往，建筑业数字化工具不成熟，容易形成数据孤岛。未来必须有体系化的思路，平台要融合设计、建造和运维，实现一体化，进而提升全产业链的效率，推动新业态的产生。广联达项企一体化解决方案，能够面向用户提供模块化应用，并集成生态应用，满足多方用户的应用需求，打造技术、业务、数据中台，实现业务协作，数据互通，技术融合，高效运营，开放共享的高性能、高可用、高安全的平台，从而助力项目与企业精细化管理。

胡　　丹： BIM 技术是数字化转型的重要支撑。对企业来说，数字化转型是个探索过程；对整个建筑业而言，要协同发展。目前，企业在转型中都出现了困惑，发展中存在短板，项企一体化是破局的关键。项企一体化包括项目各部门之间的一体化横向协同、企业与项目之间的一体化纵向协同、企业各业务部门之间的横向协同。项企一体化，从业务维度看，无论是在企业层面还是项目层面的业务协同，要做实做全，横向到边；各业务领域从企业到项目要做深做透，实现项企一体，纵向到底，实现企业管理到位，项目执行到位。从数字化技术维度看，其实质是项目／企业业务的数字化和业务协同的在线化过程，最终实现决策的智能化。因此，建筑业企业数字化转型未来发展方向，必须践行"项企一体"管理新范式，从业务行为、经营管控、企业数据资产积累等方面，探索企业发展之路。

▶▶▶ 数字化技术助力打造转型升级标杆城市

王铁宏： 苏州正在全力引领数字化转型升级。请邹建刚董事长介绍苏州市政府是如何自上而下推动 CIM 发展以及中亿丰是如何自下而上与市政府紧密对接主动推动苏州数字城市建设的。

邹建刚： 作为苏州本土建筑业龙头企业，中亿丰的最大优势就是能够不断为苏州城乡建设发展赋能。在中亿丰"十三五"和"十四五"规划中，信息化、数字化建设都是战略重点。经过 10 余年发展，中亿丰专职数字化技术人员已达 110 余人，而且成立了中亿丰数字科技有限公司。

近年来，中亿丰从战略层面进行布局，把握从信息化建设到数字化转型趋势，催生了高质量发展的新业态和新产业，产业链由建造（主业）—制造（产品化）—智造（技术赋能）延伸到最底层，为搭建好苏州新城建的数字底座，积累了丰富的实践案例和应用场景。同时，基于BIM+CIM在技术端的黄金组合，帮助企业从三个维度向高质量发展转型升级：深度方面，由传统建造向绿色智能建造升级；长度方面，由建造向智慧管养、智慧运维产业延伸；广度方面，由项目建设服务向城市综合服务管理覆盖，取得了较好成效。现阶段，集团正全力以赴，通过数字赋能，不断加码应用场景，为推动苏州新城建政策落地实施和城市转型升级贡献中亿丰力量。

中亿丰承建的加拿大五台山仿唐大雄宝殿项目，采用的是BIM技术，不仅传播了中国传统文化，而且架起了双方友谊桥梁。今年通车的国内首条穿湖双层叠加隧道——苏州阳澄西湖南隧道，其管养单位也是中亿丰，全面接入中亿丰的"隧道全寿命周期智慧管养平台"，实现了从计划到运营再到养护维修管理的精细化运维控制。中亿丰的数字化转型实践之路一直与行业共成长、齐进步，与社会经济发展同频共振。

▶▶▶▶ 数字孪生技术推动城市建设更智慧、更可持续

王铁宏： 推动CIM全面发展，数字孪生技术不可或缺。请达海控股董事局主席耿裕华谈谈企业围绕数字孪生技术所开展的研究、实践情况。

耿裕华： 建筑业企业融合数字化发展，充分利用科技助力管理效能提升是大势所趋。在实现建筑业全要素、全过程、全参与方的数字化、在线化和智能化后，企业应该积极应对新的机遇和挑战。达海控股在技术应用方面整合大地测绘系统、BIM技术、北斗定位系统，利用物联网技术、无线传输手段，建立起数据共享和交互的平台，实现数字建造；同时运用人脸识别、AI等前沿技术，提高项目现

场管理水平，实现智慧化施工。

达海控股在施工现场运用基于北斗/GNSS毫米级卫星，做了三方面的研究：一是测量定位。利用北斗高精度定位技术，将北斗卫星导航系统和工程测量结合，通过卫星即时定位数据和大地测量数据的比对，校正施工误差，在15min内可以把精度误差控制在5mm以内，解决了施工现场定位准确性问题。二是数据利用。卫星导航系统最大的优势是在三维空间基础上增加了时间维度，收集关键工程节点产生的数据，以辅助管理。三是安全管理。借助卫星导航定位系统，让需要进行定位跟踪的人员，佩戴带有芯片的安全帽、定位手环等，经过一定区域时，部署在该区域的定位基站设备实时读取数据，进入危险区域时可自动报警，起到安全预警和防范的作用。

就全球卫星定位技术的发展、应用水平而言，实时定位服务已经极为普遍，渗透到我们日常生活的方方面面。目前，在建筑工程领域推广的定位方面，安全帽、定位手环也在逐步运用。在施工领域，RTK（实时动态测量）技术在现场快速定位、结构变形监测方面也有广泛应用。我们目前已建立起基于北斗卫星导航系统的施工过程毫米级移动测控系统，全力构建"双关闭环"数字孪生系统。

小 结

王铁宏： 请各位嘉宾对推动数字化转型升级做个展望。

王广斌： 数字化转型成不成功，最大的因素是人。转型需要技术创新、制度流程和人协同发力。数字化转型，既需要像中建科技、达海控股这样的企业进行研发创新，又需要像广联达这样的"使能者"提供智力支持。

叶浩文： 数字化转型，千万不要与生产经营分离，形成"两张皮"。要将数字化融入生产过程、融入管理过程，提质增效是关键，智能建造是方向。

耿裕华： 数字化时代已经到来，如何将数字技术应用起来是目前的重点。希望大家不是为了数字化而数字化，而是为解决企业发展中面临的实际问题、开拓新领域做出创新和努力。

胡　丹： 建筑业是高能耗产业。根据国家"十四五"规划和碳达峰、碳中和目标要求，建筑业唯有主动拥抱数字化转型、积极实行项企一体化发展、用科技引领产业变革，才能实现可持续健康发展。

邹建刚： 2021年城市综合经济竞争力排名出炉，苏州竞争力排名为全国第六。苏州不仅是一座历史文化名城，更是一座"永远在线"的数字城市。从项目建造手段、城市治理等方面来说，还有很大空间；而从数字化转型方面来说，是建筑业企业的机遇，也是挑战。

袁正刚： 在向数字化转型过程中，企业不能将数字化当作技术，而要将数字化当作业务。数据只是"堆"在一起，一点儿作用也没有，要从顶层设计角度对数字化转型进行定位、规划，在发展中要与业务深度整合，解决企业发展中的实际问题。所以，企业一把手要牵头推动数字化转型。数字化不仅是 IT 部门的事情，更是各个业务部门都要参与的事情。

内容来源于《中国建设报》

第二章
大变革 探路径

时序轮替中,始终不变的是奋进者的身姿;历史坐标上,始终清晰的是创新者的步伐。加快推动建筑产业数字化转型升级是方向,更是出路。但千里之行始于足下,产业转型绝不可能一蹴而就。在打造数字经济新优势的历史进程中,面对重重挑战,明确目标、厘清思路、找准关键、重点突破是产业各方当前的首要任务。一次次的思想碰撞与头脑风暴,终将守得云开见月明,凝聚起全行业的智慧与力量,为建筑产业数字化转型探寻出一条前景光明的新路径。

数字化转型驱动企业高质量发展

文/陈 桁

浙江省建设投资集团股份有限公司
总经理

我们处在时代的转折点,面临两个一百年交会期,面对经济从高速发展转向高质量发展、常态化疫情管控、"双碳"目标、人口老龄化等挑战,正在从一个回不去的过去,通向一个全新的未来。面对未知的未来,我们如何把握并继续保持企业基业长青?值得庆幸的是,我们每个人当下经历的或者将持续经历的数字化转型、数字化变革,正是目前不确定环境下最能确定的选项。在数字中国建设大潮中,各行各业都在进行数字化转型,差异只是速度和规模。

数字化变局:势在必行

2020年,国务院国资委印发了《关于加快推进国有企业数字化转型工作的通知》，系统明确了国有企业数字化转型的基础、方向、重点和举措，引导国有企业在数字经济时代准确识变、科学应变、主动求变，加快改造提升传统动能、培育发展新动能，开启了国有企业数字化转型新篇章。

2021年2月18日，农历新年上班第一天，浙江省委召开全省数字化改革大会，全面部署浙江数字化改革工作，加快构建"1+5+2"工作体系，搭建好数字化改革"四梁八柱"，统筹运用数字化技术、数字化思维、数字化认知，把数字化、一体化、现代化贯穿于整个省域的政治、社会、经济、文化、生态、文明各个领域，其目的是加快实现省域治理体系和治理能力现代化，打造全球数字变革高地，努力使数字化改革成为"重要窗口"的重大标志性成果。

回顾过去，工业1.0以机器取代人力，以大规模工厂化生产取代个体工厂手工生产；工业2.0以电力、内燃机、飞机、汽车为代表，标志着人类进入电气时代；工业3.0以计算机、原子能、航空航天、遗传工程为代表，人类由此进入信息时代，在极大推动人类社会经济、政治、文化领域变革的同时，也影响了人类生活方式和思维方式；工业4.0以人工智能、清洁能源、无人控制技术、量子信息技术、虚拟现实以及生物技术为主，标志着人类进入绿色能源时代。这是一场全新的绿色工业革命，其实质和特征是大幅提高资源生产率，经济增长与不可再生资源要素全面脱钩，与二氧化碳等温室气体排放脱钩。站在历史视角，我们清晰认识到，第四次工业革命即绿色智能时代已经来临。

面对绿色智能时代，我们应该有新的思考。目前整个社会乃至行业还处于工业3.0后期，个别行业、优秀企业已经迈进了工业4.0，建筑业还处在工业2.0到3.0的阶段，如何向工业4.0转型，如何抓住数字经济和数字化改革的机遇，面对产业数字化的挑战，如何推动建筑业供应链、产业链、生态链和价值链的提升？

总体来说，外部环境正在改变和影响着企业的未来。新基建、"云大物智移"的发展和技术进步，政府营造的创新创业的环境为企业数字化转型奠定了良好基础，数字化转型也绝不仅仅局限于新技术的实施和运作，而是面对未来，对企业战略、人才、商业模式和组织方式产生深远影响的全面变革，数字化转型已经成为一道必选题，势在必行。

数字化转型：发展动能

作为有 70 多年发展历史的国有企业，浙江省建设投资集团股份有限公司（以下简称"浙建集团"）有着光荣传统、红色根脉，在多年发展中形成投资、设计、建造、运维等现代建筑服务全产业链，业务遍布全国 31 个省市自治区及全球 10 多个国家和地区，凭借人才、技术和管理体系等核心实力，浙建铁军综合经济技术指标保持全国同行领先，连续入选 ENR 全球 250 家最大国际承包商、中国承包商 10 强、中国企业 500 强、浙江省百强企业。面对数字化浪潮，我们的认知是，数字化转型与业务深度结合，提高生产运营效率，创造经济和社会效益，增强创新驱动力，实现企业高质量发展。

"十四五"期间，浙建集团定位成为数字化驱动的国际化建筑投资运营商。2003 年，浙建集团开始推进信息化工作，2008—2018 年建设了 92 套独立系统，拥有 17 个机房。2018 年，浙建集团提出数字化转型决策，聘请外部专业咨询公司进行信息化规划咨询，发现此前零散的信息化建设不能给集团带来整体效率，数字化转型需要做出战略抉择。

为此，浙建集团从顶层设计重塑数字化价值体系，将业务、运营、组织战略与数字化技术进行深度融合，增强数字化驱动力。一是以 BIM（建筑信息模型）为核心逐步打造业务系统平台，解决产业链各环节信息割裂脱节问题，为工程数字化建设提供底层支撑。二是建设支撑业务的大数据分析决策平台，形成 P-E-G 即项目 - 子公司 - 集团三层架构的生产运营大数据监管和分析平台。三是实现端到端贯通的供应链管理，以客户需求为导向，以提高质量和效率为目标，以整合资源为手段，实现产品设计、采购、生产、销售、服务等全过程高效协同。四是构建基于产业互联的产业链协同，打通上下游企业数据通道，促进全渠道、全链路供需调配和精准对接，促进产业基础高级化和产业链现代化。五是推动数字建造驱动的产业链生态圈，依托供应链金融，整合工程生产资源招标采购、物流仓储、融资租赁、贸易服务等各类资源和要素，构建共生共赢的产业链生态圈，实现产业融合的数字化产业生态。

完整的数字化转型进程，涉及企业内部流程再造、业务创新转型、组织变革、产业生态重塑等，这一变革管理涉及面广，程度深，体系化有序推进数字化转型是集团总部必须认真考虑的工作。针对集团业务发展和运营管理对数字化需求进行梳理，明确需求点，据此形成集团数字化转型框架。在转型框架基础上，综合考虑数字化项目建设优先次序、项目间的依赖与组合关系以及管理资源条件，先易后难，小步快跑，制定数字化转型阶段目标和整体演进路线。确定演进路线后，要夯实信息化技术基础，按先缓后急、逐步完善的原则，建设统一的信息化系统，建设主要聚焦在三个方面：底层是系统支撑，中间是业务执行，顶层是集团管控，目的是优化业务流程、提升管控决策和共享的能力，提高管理效率，实现管理数字化。

观念上对数字化转型有清醒、全面的认知，行动上有集团顶层设计、转型框架、演进路径，在此基础上，稳扎稳打地推进数字化转型。通过数字化布局和实践，我们希望实现这样的目标：全集团数字化各类应用运行状态良好，业务数据化水平明显提升，产业数字化专项效果凸显，智能建造和智能制造研究进一步深入；开展数字产业化培育工作，供应链集成应用取得成效，探索构建基于价值链创新的集团产业链协同的生态体系。企业数字化管控有效运行，治理管控应用数据化可视化，大数据预警分析能力显著提高，网络安全和信息安全保障体系进一步健全。

数字化改革：应用实践

按照浙江省要求，浙建集团理出"三张清单"并以此为抓手，进行重大需求梳理和多跨场景应用分析，探索并总结重大改革事项，从而不断优化和迭代目前的数字化改革工作体系和数字化应用系统架构，促进企业数字化改革螺旋式上升，提升数字化改革成效。

在数字化改革加持下，浙建集团动态调整信息化和数字化建设的内容，在持续构建业财一体化、项目全生命周期管理的基础上，以"小切口、大场景"推进数字化改革走深走实。

作为浙建集团数字化改革重点建设的单独功能系统，项目长制应用系统推动了二级单位领导管理重心下移，实现工作作风转变，提升服务基层意识和成效，强化了项目管理能力和项目风险管控，增强了项目盈利能力，推动完善项目管理体系。

工程项目管理系统以项目成本管理为核心，以全过程管理为主线，以合同管理为抓手，实现对项目建设全过程、全方位的计划、组织、协调、指挥和控制，促进项目管理科学化和规范化，提高了项目的社会效益和经济效益。

统一招采协同平台以集中采购为抓手，整合内外资源，实现招采过程规范化、数字化、市场化运作，完成招采流程的集约化管理，推动招采从应招尽招向全面真招实招转变。同时，采用搭建电子商城的方式实现下单、物流跟踪、钱货交割等业务流程，加强供应链上下游管理，实现市场化配置改革。打造浙建特色的"数字＋集采"数字化招标采购管理新业态，促进浙建模式的"数字＋服务"数字化供应链生态圈形成。

供应链金融系统从工程项目全生命周期的建设及运维场景出发，依托供应链核心企业优势，搭建数字融资、数字风控、资产管理、报表分析、智能决策等核心功能。通过在线交易、在线融资、线上支付于一体的供应链金融平台，盘活和管理供应链上下游企业的资金、账期。

产业数字化方面，推进建筑工业化与智能建造协同，研发了数字化智能钢结构生产线、推广应用智慧工地、开展BIM与装配式建筑融合等数字化项目。这些项目的实施反映了数据的实时抓取，数据既要准确、有效，又要互联互通，因此要实现标准化的作业流程，没有制度化、流程化、表单化、信息化、数字化、智能化、工业化，就不可能真正实现智能建造。

综上所述，数字化转型不是要不要做的问题，而是怎么做的问题。数字化转型难度大，不仅是技术问题，更是理念问题、认知问题。首先，作为一个系统工程，数字化转型必须是"一把手"工程，需要主要领导亲自抓。其次，战略引领方面，企业一旦确立了站位、定位、使命和愿景，就应该建立相应的组织架构和适合的数字化战略去落地、实施。再次，开展数据资产管理，实现数字驱动。我们要让数据流动起来，让数据协同起来，为企业决策、引领、服务创造更大的价值。最后，要坚持对信息化、数字化的转型和变革。因为数字化转型不是一蹴而就的，一个革命性的先进技术、先进理念，检验它的标准是什么，一定是好用的、管用的、实用的，一定是能够创造价值的。数字化不是门面工程，要主动学习数字化技术，积极迎接新技术带来的挑战，以数字化转型带动业务模式和生产管理的变革，提升效率和质量，支持创新，走高质量发展之路。

"未来已来"，拥抱变化，借数字化之利器开创企业全新未来。

做好企业数字化还需"下水游泳"

文 / 袁正刚

广联达科技股份有限公司总裁

虽然行业和企业的数字化已经成为共识,但很多人仍然对此感到困惑。每年都会出现很多新的技术和概念,比如2021年比较热门的元宇宙和数字孪生,但是哪些技术会影响行业,哪些技术还处于早期阶段?一些新名词本身也涉及中英文的切换,比如Digital(把模拟信号转换成数字信号,也就是把点性转换成定量的表达)、Digitization(流程的数字化)、Digitalization(数字化转型、商业模式的数字化、业务的数字化),其中很多人可能没有感知到细微的差别,包括智能化、智慧化、数智化等。更让人困惑的是,用了智慧工地和BIM就是数字化了吗?

其实数字化转型是一个系统工程,涉及方方面面。我们要把握好几个关键环节、关键认知、关键方案、关键路径,让建筑行业清楚地明白数字化转型应该如何转。

数字建筑推动产业转型升级

"数字建筑"最早于 2016 年提出。最初的想法是,无论什么样的数字化技术,如大数据、云计算、人工智能、IoT、BIM 等,最终都将服务于建筑行业,都将让每一个工程项目成功,让每一个企业发展得更好。

如何让数字化技术综合起来更好地为建筑行业服务?这需要系统地考虑全过程、全要素和全参与方。只有升级系统,才能把这个环节的数字化做好。过程中的数字化、在线化、智能化,需要一个平台支撑。

其中,数字孪生是一个非常重要的概念。目前大多数企业还处于"数字模型"阶段,物理对象产生的数据要经过大量的加工,通过人的传递才能到达数字对象。那么,我们能让数字驱动机械设备自动传输吗?实现全部的自动数据流才是真正理想的数字孪生。

实际上,数字孪生贯穿了很多东西,包括产品的数字化、工程的数字化、过程的数字化、生产的数字化。数字建筑试图去实现这样的场景,但这不是一天一年就能实现的,需要持续不断地精进。

那么,具体到每个企业应该怎么做呢?这里有三大挑战。

第一,战略定位的挑战。数字化转型是一把手工程,也是战略问题。但是目前的情况是很多企业的一把手还没做过数字化,也不懂数字化,这就导致不知该如何决策。很多人都认为数字化会颠覆行业,那么新的商业模式和新的商机是什么?这些对决策者来说是非常大的挑战。

第二,方案选择的挑战。如今,开始数字化的企业非常多,每个企业都有不同的数字化的理念和方案。如中台、平台、BIM、大数据,那么这些方案之间有什么区别?应该如何取舍?选择的标准是什么?这些都是企业数字化落地时会遇到的挑战。

第三,实施路径的挑战。对一个企业来说,数字化最好的方式是以最小的成本切入最关键的地方，尽快看到效果。如果需要企业投入 5 年或 10 年才能看到效果，就很难持续下去。如果用半年或者一年的时间就能看到效果，这样的数字化会更容易做。

建筑企业数字化转型升级的三个层次

如何解决企业数字化的三个挑战？这需要从岗位数字化、项目管理数字化、企业管理数字化三个层次进行分析。

（1）岗位数字化。最前端是设计岗位。如果设计岗位还用传统的画图方式，缺乏数据，那很多后续工作都会缺乏支撑。目前设计岗位数字化产品很多，比如在"中国数字建筑峰会 2021·企业家百人论坛"上发布的国产自主可控的广联达数维建筑设计产品，就是以数字孪生的理念贯穿全过程的设计岗位数字化产品。除了建筑设计，相关的数字化产品也越来越多，如结构、机电、市政道路、地下管网、综合管廊等。

对施工企业来说，生产和运维岗位如何数字化？要从"人、机、料、法、环"五要素入手。"人"即劳务人员的数字化，表现为通过 IoT 技术对人员管理的精细化，如安全帽定位；"机"是机械设备的数字化，表现在 AI+5G 技术的降本增效和安全保障，如无人机挖掘；"料"是物料的数字化，表现在用 AI 技术提效减负和数据积累，如智能钢筋点验；"法"是工艺工法的数字化，表现在 BIM 技术在三维可视化交底中的应用，如技术交底可视化；"环"是环境的数字化，表现为基于 IoT 技术的实时、全面感知现场，如实时环境监测。

管理岗位的数字化主要有三个维度：空间管理、时间管理、项目协同。通过为工程人员提供 BIM 建模与深化、进度计划编制与管控、项目多岗协同等专业智能工具，提高工作效率、提升中标率、缩短工期、节约成本，以科学手段保障工程成功。比如施工模型综合软件，从学习到使用，2h 拥有施工 BIM 模型。施工进度计划软件让计划编制提效 3～9 倍，辅助项目缩短工期，节约成本 10%～30%。协筑工程项目协作平台以"文件协同""流程审批""图模协作""移动应用"为核心，通过云端协作环境，连接工程人员、数据和流程，大大提高项目参与方的协同效率。

广联达在自己的工程上已付诸实践这些理念。我们尝试用新的管理模式、更多的数字化工具，以及数字建筑理念去打造广联达数字建筑产品研发及产业化基地。广联达数字建筑产品研发及产业化基地九层：从"设计－深化"实现一模多用，基于BIMMAKE模型考虑合理损耗值，提取项目各施工段的施工计划量；通过预算量、施工计划量与现场实际量对比，实际量与计划量的偏差为-0.41%，实现了现场精细化管理的目标。

广联达数字建筑产品研发及产业化基地项目，通过自建、自营的工程实践方式，打造国际领先的绿色、节能、健康、智能、地标的数字建筑样板。采用IPD项目管理模式，实施数据驱动的精益建造，依托数字建造平台、系统和软硬件工具的集成应用，实现建造全过程的数字化、在线化和智能化。

（2）项目管理数字化。在施工现场，很多管理工具往往是分散的，包括劳务、物料、进度管理等，但这些单点信息化无法满足项目管理的需求。建筑企业的需求如今已发生转变：单点信息化的需求已经上升为项目和企业系统数字化转型的需求。

建筑企业应构建生产要素管理的一体化、集成化。比如BIM+智慧工地，可以在施工前准确预估工程量、人员需求、材料需求等，并实现PDCA循环。BIM与工地联合，产生大量数据，在数据基础上管理生产、技术、安全、商务、劳务、物料等，对项目经理来说，指挥决策将更加可靠。

项目级指挥调度解决方案可打造极致可视现场：调度效率提升50%、资源浪费减少5%、工期零延误。调度方面，基于GIS+BIM+IoT+AI，助力项目调度可视化；监测方面，物联监测助力安全和质量监测实现智能感知；决策方面，"项目大脑"辅助项目管控，实现科学高效的决策。

我们希望所有的项目都可以管理数字化，但是项目的规模不同，管理的优先级也不同，需要有针对性地定制。在此方面，广联达已经通过平台+模块构建了一个平台和组件来适应众多不同类型的项目。最后，每个项目经理每天都能看到自己真正感兴趣的项目的关键信息,形成项目DNA。

（3）企业管理数字化。当我们将岗位和项目数字化,并以零时间差共享这些数据时,我们可以上升到公司层面,并基于这些数据协调管理。每一个层面的数据驱动都会给岗位、项目和公司带来巨大的价值。

对一个企业来说,项目企业一体化是非常重要的。在项企一体化的基础上,可以协调和调配资源,做出公司层面的决策。更重要的是,实现企业数据资产的积累。所有数据都是真实项目动态的准确数据,在此基础上形成的定额非常有价值。反过来,它可以支撑我们每个项目的决策和项目管理。

业务系统包括报表管理系统、BIM建造系统、智慧工地系统等。支持生产调度数据中心,形成多维数据集、分析模型、数据挖掘模块、主数据库、元数据配置等。然后通过数据呈现实现横向到边、纵向到底的集团管控和项目管控,真正形成"企业管理大脑"。无论企业是在全国还是全世界,所有项目的情况包括经营管理、生产管理、安全管理、科技质量管理、大型设备等都一目了然,非常清晰。

这种管理对企业的大决策非常重要,但我们可以更精确,如企业级劳务管理一体化,打通全国及各地政府劳务监管平台,支持线性基建、房建等多种工程劳务实名制管理,提高项目劳务管理效率和规范化,用工零风险；积累企业劳务大数据,助力优质优价顺利实现。比如中铁五局搭建的劳务管理平台,实现了劳务大数据和劳务实名制,截至2020年4月,集团内部上线项目500余个,集团所属项目累计登记人数超过5万人。

对企业成本来说,"人"和"料"是两大因素。只有每个项目都能实现智能验收、现场监管、移动收发、实时作业、AI点根、扫描对账等数字化支撑,才能真正形成管理的集约化和作业的精细化。目前,广联达物料系统服务全国900多家企业、7000多个项目,辅助2.9万多名物资人员高效管理,助力施工企业管理超过37万家供应商,降低合同履约和消耗的材料损耗率2%~4%,为企业提供至少1%的工程效益提升空间,辅助提升管理效率

50%。

北京城建某公司通过企业级物料管理一体化，实现了业务数据化，提高了作业效率、规范了作业行为，提高了管理效益；第一阶段共应用14个项目，仅验收环节就节约成本278万元，实现了经济效益。

企业数字化转型到底该怎么做？

对一个企业来说，数字化转型应该做些什么？主要有三点：

第一，如何选择策略。数字化战略应该与业务战略深度融合。业务数字化，可以清晰看到企业的业务水平，进行精细化的项目管理，看准企业核心能力；然后深化到企业级平台，消除信息孤岛和各种人为壁垒，规模化企业核心能力，共享企业内部的优势能力；最后，赋能数字业务化，利用数据进行效率提升，利用数据进行集约经营，并利用数据进行有效决策。

第二，如何选择方案。企业数字化转型方案的标准很简单：是否具有明确的业务价值和完整的系统规划，不要唯技术论，业务价值更重要；也不是上一个软件或者云计算就能解决的问题。从前期的战略规划到整个方案的实施、人员的成长等都是一个整体。有系统的规划、设计和方案是非常重要的。

第三，具体怎么去做。其实节奏也很清晰，从岗位工作数字化到项目管理数字化，再到企业决策数字化。这三个不同的数字化，并不是做完第一个才能做后面的，但前两个阶段是企业决策最终数字化的基础。只有三个阶段进行数字化迭代，才能扎扎实实地做好企业数字化工作。

决策者不懂数字化，没有数字化人才怎么办？对企业决策者来说，了解数字化是必须的。企业数字化人才的培养，如果站在岸边空谈，不"下水游泳"，是永远学不会的。

每一个企业的数字化，对决策者和中层到基层人员来说，只有"下水游泳"去做数字化，才能真正地推动企业数字化转型。

"四化融合"谱写企业高质量发展新篇章

文 / 毛继东

陕西建工控股集团有限公司总经理

国家"十四五"规划和2035年远景目标纲要提出:"加快推动数字产业化""推进产业数字化转型"。产业数字化作为实现数字经济和实体经济深度融合发展的重要途径,是当前数字经济的发展重点,也是我国经济结构调整和产业转型升级的主阵地。在"数字经济"国家战略引导下,住房城乡建设部颁布一系列指导意见,倡议逐步建立智能建造与建筑工业化协同发展的政策和产业体系,陕西省政府、住房和城乡建设厅也陆续出台了相关的指导意见和支持方案。如何把握数字经济趋势,抓住数字中国建设机遇,跟上数字中国建设的步伐,通过数字化转型提高企业核心竞争力,是我们建筑人应该考虑的重大命题。

行业发展之困局

作为国民经济的支柱产业,建筑行业总体发展呈现上升趋势。随着中国城市发展由大规模增量建设转为存量提质改造和增量结构调整并重,标志着建筑业从高速发展阶段转向高质量发展阶段,无论是房建工程还是基础设施领域,都面临需求放缓的现实挑战。与此同时,数字经济带来的商业模式转变,跨界合作、跨界竞争成为常态。在数字化转型过程中,其他行业巨头如阿里巴巴、腾讯等互联网头部企业渗透到建筑行业,使得市场竞争更加激烈。另外,从上游来看,建筑原材料成本上涨,用工难;从下游来看,下游企业对建筑业企业的品质需求、服务水准、资金融合等的要求在不断提高,这些都加剧了建筑业市场的竞争。

总体来看,建筑业主要存在四方面问题。

一是建筑业生产方式粗放。根据清华大学建筑节能研究中心发布的《中国建筑节能年度发展研究报告2020》,从建造到运行,我国建筑行业碳排放约占总碳排放量的40%。除原材料之外,建造过程中的能耗和二氧化碳排放都在20%左右,是名副其实的碳排放"大户"。另外,长期以来,建筑业企业主要依赖资源要素投入、投资拉动发展,缺乏内生动力。

二是劳动力资源短缺。目前,这已经成为行业面临的共同问题。农民工老龄化趋势明显,年轻人有很多其他选择,建筑业吸引力不足。用工不足、用工荒现象频出,产业工人后续乏力。

三是标准化程度低。目前建筑产品是订单式生产,从需求、设计到施工,生产大量个性化产品。在长期的生产、建设过程中管理制度没有转化为标准业务流程,同时缺乏数据管理的标准规范体系,造成了严重的数据壁垒,这也导致数字时代我国建筑行业缺乏可用的数字。

四是信息化水平比较低。来自麦肯锡的统计数据显示,建筑业信息化水平仅高于农业,位居倒数第二。目前大多数建筑企业的信息化建设还停留在部门应用阶段,企业沉淀的数据还未形成资产,不足以支撑业务流程的在线化、管理决策智能化。

"四化融合"之企业破局

作为有着 70 多年发展历史的企业，陕西建工控股集团有限公司（以下简称"陕建集团"）秉持"向善而建"的企业哲学，以工匠精神传承建筑文明，业务领域遍及全球 28 个国家，赋能美好生活。2020 年，陕建集团成功登陆 A 股市场，为企业发展注入新活力。面对行业历史难题和数字时代变革，围绕行业高质量发展，陕建集团坚持科技创新和管理创新，全面提升竞争力。

依托陕西省委、省政府搭建的秦创原创新驱动平台，打通科技成果转化落地"最后一公里"，陕建集团与西安交大成立了未来城市管理创新研究中心，深度探索未来城市建设的创新之路。研究中心按照"名校＋名企，科学家＋工程师"的方式组建，立足于企业出题、平台答题，按"揭榜挂帅"的原则，围绕装配式建筑、低碳环保、零碳建筑、分布式能源、新基建等产业开展课题研发，解决行业发展难题，包括企业发展的卡脖子问题。作为开放平台，研究中心不仅面向全国，未来也会面向世界，形成一个融合平台，致力于企业、行业前沿领域和前瞻技术探索，做好新的科学技术研发，推动优秀科研成果落地，努力把科技研发的成果转化为推动企业高质量发展的效果。

面对外部环境的急剧变化与内部管理现状亟待变革的双重压力，陕建集团提出"四化融合"改革方案：以绿色化为理念要求，大力发展绿色建筑、绿色工程和建筑节能技术；以工业化为发展方式，推进以装配式建筑为代表的新型建造模式；以数字化为转型动力，加快打造建筑产业互联网平台，推进建筑企业的数字化转型；以证券化为重要抓手，解决好产业链资源优化配置和融合发展的问题，构建集团高质量发展之路。

绿色化即以绿色化理念要求，大力发展绿色建筑、绿色工程和建筑节能技术，积极响应"双碳"要求。围绕国家"碳中和""碳达峰"的"双碳"目标要求，在建造过程中积极推广"四节一环保"，包括节能技术的应用。2020 年，陕建集团创建 3 项国家级绿色施工示范工程，项目数量占陕西省

75%；主编和参编绿色建筑与节能环保领域国家、行业、地方标准30余部；承建的交大创新港、国家增材中心、延长石油中心等项目先后取得绿色建筑星级标识。

工业化即以工业化发展为方式，推进以装配式建筑为代表的新型建造模式。2016年以来，大力发展装配式建筑受到党中央、国务院高度重视，成为建筑业转型升级的重要抓手并上升为国家战略。围绕工业化，陕建集团早在"十二五"期间就做了布局，积极探索"装配式建筑+绿色建筑+EPC（设计-采购-施工）+BIM"的四位一体推进模式，着力打造全面推进装配式建筑的"陕建模式"。目前陕建集团旗下拥有国内首批国家级装配式建筑产业示范基地，并先后在陕西省建设了六个产业基地，基本实现了陕西省内重点区域全面布局；积极推进装配式产品的应用，在西安国际足球中心、咸阳奥体中心等多个项目中取得了良好综合效益；加大科研攻关，沉淀成果，先后完成了装配整体式混凝土体系等多项科研攻关，主编、参编国家、省级及协会工程建设标准20余项，完成科研课题10余项，获得国家专利30余项。在国家倡导长租公寓、保障性公寓政策引导下，装配式标准化构件、部件将实现大规模应用，以此为契机，陕建集团将进一步推动建筑工业化发展。

数字化即以数字化为转型动力，加快打造建筑产业互联网平台，推进建筑企业的数字化转型。陕建集团在积极推动数字技术和传统业务的融合，在BIM技术应用、劳务实名制平台、供应链金融平台、集中采购平台、智慧物业管理平台等方面取得了多项成就，沉淀了大量数据资产。2021年8月成立的陕西建工集团数字科技有限公司，致力于打造建筑行业数字化转型的推动者和引领者。

证券化即以证券化为重要抓手，围绕产业链企业对资本、技术、市场等核心竞争力及驱动要素的需求，积极探索推动资产证券化，解决好产业链资源的优化配置和融合发展的问题。一方面，陕建集团做好陕西省建筑业发展的链头企业地位，在圆链、补链、强链上加强资源整合，促进资源深度融合，发挥好地方龙头企业作用。另一方面，针对产业链存在的融资难和成本高问题，结合产业链实际推动情况，陕建集团建立了以资产证券化为核心的融资模式，即"陕建筑信"平台，颠覆了传统支付方式、融资模式和商务模式，同时可沉淀宝贵数据资产，为下游中小民营企业进行低成本融资和一站式业务办理，目前已累计入驻各级供应商4000多家，遍布全国31个省、区、市。同时，陕建集团也在推动符合行业需求的融资租赁供应链金融方式，助力产业链企业做大做强。通过证券化，我们还可以实现上下游企业的并购重组，提高陕西省建筑企业的资本证券化率，这也是我们的一个发展目标。

数字化之布新局

基于对陕建集团"十四五"发展战略以及信息化需求的理解，结合行业趋势与政策导向，集团信息化战略总结为"一个基本目标、六项核心架构、八大项目群"，即"168"战略。

"一个基本目标"，指到2025年陕建集团的管理和信息化水平达到国内同行一流水平。

"六项核心架构"指完善企业架构的六个方面，即业务架构解决以业务为核心的价值导向问题；应用架构解决的是信息系统功能和责任边界问题；集成架构解决互联互通的问题；技术架构解决资源配置和安全稳定的问题；数据架构解决数据资产有什么、谁来管、怎么用的问题；IT架构解决业务和IT融合及责权边界的问题。

"八大项目群"指以八大项目群的建设为依托，如综合管理、财务管理、数字化等，打造数字化应用典型场景，推动数字化转型落地实践，建成数字陕建的高速网络。

在迈向数字化程度更高的企业过程中，陕建集团通过开放生态，形成建筑数字化生态体系，以更好地服务于产业链上下游企业，推动产业链各参与方的深度融合和跨界融合。陕建集团也将以更加开放和包容的姿态，通过平台和数据相关方的协同、链接，一起推动数据共享，加强业务协同，为建筑行业注入新活力，实现新的发展。

技术先行
数字设计赋能勘察设计行业转型升级

文／云浪生

广联达科技股份有限公司
高级副总裁

在以高质量发展为逻辑主线的"十四五"规划纲要中，创新、协调、绿色、开放、共享发展等词成为具象化"高质量"的发展策略和方针。

建筑行业作为国民经济支柱产业之一，在经历了几十年的高速发展，正在向高质量发展阶段迈进，而设计业务处于整个产业链上游位置，对工程建设和成本投入有决定性的影响。同时，设计业务作为整个项目的数据来源，连接着施工方、生产方等各参与方，是建筑产业各方数字化的主要媒介。

然而现阶段大多数的设计企业组织能力较为分散，集团下属各设计院所之间资源呈碎片化特征，难以共享复用。在业务层面，呈现出全过程各阶段的割裂，包括设计、施工、运维之间的流程割裂，建筑、结构和机电之间的专业割裂以及设计到仿真计算间的数据割裂等痛点；而岗位员工也面临大量的重复性设计、计算及图纸调改等低效劳动，难以解放双手。鉴于此，广联达设计应运而生，聚焦企业资产数字化、业务一体化以及设计智能化等，赋能勘察设计行业数字化转型升级。

关于数字设计"新"理念

在此之前，勘察设计行业已经经历了两次数字化转型升级：第一次是以 CAD 工具为代表的二维设计，从工具端提升了设计效率，让设计师彻底甩掉了画板；第二次则是以当前 BIM 工具为代表的三维设计，在提升了设计交付质量的同时，也增加了设计院的工作量，因为设计仍以文档为数据传递媒介，信息的传递效率和数据价值被局限了。新时代的数字设计是通过各种要素的数字化，将设计变得可计算、可分析、可优化以及可自动化，其是以数据驱动的一体化设计，从而打造全数字化样品，真正实现设计的全过程价值。

展开来说，"数据驱动"是指在数据融合的基础上实现智能设计，而"一体化"是指解决当前行业中的数据割裂、流程割裂以及专业割裂这三大问题。众所周知，任何建筑都是从一个创意开始的，然后在整个设计过程中，这个创意得到不断的丰富，从美观、功能、结构等方面落地延展。因此，基于数字设计的智能化和一体化的赋能，概念方案可以通过生成式的方式完成方案深化设计，而建筑、结构以及机电等专业又能通过生成式的方式不断迭代优化，完成施工图设计，实现自动化成果交付。

在数字设计的理想场景中，设计业态及边界将作为条件信息输入，通过数字设计平台中的设计智能的集成化的生成和加工，设计智能需要考虑全专业、全过程的因素，进而输出设计成果。随着业务的积累，通过数字设计平台生产的数据又能沉淀成为企业的数据资产，不断地再输入到设计智能中继续丰富、优化智能算法。在此，值得一提的是数字设计中的设计智能是人的智能和机器计算能力结合，随着数字化程度的深入，机器计算／人的智能的比重越来越大，自动化程度越高，而人会越来越聚焦于需求和边界条件的确定。要让设计师解放双手，更好地聚焦在创意上，让设计回归本原。

关于企业的数字化转型

对设计企业来说，项目是企业业务的核心，通过协同和工具提升项目的效率就显得尤为重要。通过一体化的项目管理方案，真正实现多项目的高效益管理，才能为设计企业创造更高的价值。对集团层来说，则更关注经营管理以及数据资产的沉淀，因此，广联达设计旨在为设计企业数字化转型提供三层一体的解决方案：在项目层通过协同平台和岗位级工具提升项目效率；在院所层通过管理和项目级方案提升多项目管理的效益；在集团层通过企业的资产数字化方案助力企业数字化转型。

在数字设计场景下，设计师可以将设计过程中产生的各类知识资源以及业务流程，沉淀为数据资产，同时通过平台为项目和企业提供知识输入，不断夯实企业数字化基础。随着设计院数据资产的丰富，企业的能力以数据资产的方式沉淀下来，形成数字设计平台，企业的组织结构、经营理念以及商业模式都会发生变化。此后，企业的三层结构边界会逐渐模糊，最终融为一体，整个企业项目运作和管理会围绕数字设计平台开展，从而最终完成企业的数字化转型升级。

出于这些根本且急迫的行业需求，广联达设计始终定位于数字化使能者，为设计企业提供数字化能力和平台，提升企业的数字化能力，共同推动行业变革。同时，广联达设计也为勘察设计行业提供BIM报审及数字化交付审查平台等行业级解决方案：通过二三维智能审查促进BIM全生命周期应用；通过跨平台交付、一站式审查，推进设计行业数字化转型升级。

关于广联达数维建筑设计产品集

数字设计新理念作为广联达设计当下及未来要搭建的自主设计软件平台的理论基石，承载着其未来产品及平台的技术导向及核心精神。我们将数字设计的理念始终贯彻在广联达数维建筑设计产品集中。融合云技术、大数据、物联网、5G、AI等技术，以自主可控的BIM核心技术为底座，打造高效率、高协同、高效益的数字设计平台。

作为专为国人打造的设计软件，广联达数维建筑设计产品集具备六大产品优势：云＋端的精准协同、多层开放的平台、统一的数据标准、智能化的设计工具、模块化的设计方式以及构件级的数据驱动。这些优势可以实现设计数据在全生命周期的一体化应用、数据的高效流转与复用，降低设计成本，提升设计效率，同时为生态伙伴提供完善、稳定的开发基础环境。

广联达数维建筑设计产品集推出二三维融合设计的工作模式：以三维设计为主，充分发挥三维多视图联动的优势，保证图模一致性的同时，大幅提升设计调改、图纸绘制的整体效率；对附属元素和注释，则进行二维辅助设计，遵循传统设计习惯且使积累的设计资源得以复用，保证最后输出的图纸符合国家及行业标准。

同时，广联达数维建筑设计产品集基于自主可控的 BIM 技术，实现产业链利益相关方在云平台实时协同，数字设计跨地域设计交互，实时精准的构件级协同，立体完整的 BIM 数据传递，加之广联达在造价、施工等领域有多年积累，对建筑全产业链、项目全生命周期有较深入的理解，形成了设计－算量一体化和设计－施工一体化解决方案，以数据融合打通上下游产业链，将工程问题前置到设计阶段解决，让设计价值实现最大化。

关于广联达设计生态体系

我们清晰地认识到，融合"集成、协同、智能"等特征的数字设计平台，是承载数字建筑的基础设施，是设计业务转型的核心关键。但平台自身价值有限，只有在平台的基础上孕育出新的生态，通过平台＋生态的模式，才能使数字设计迸发勃勃生机，成为具有强大生命力的新事物。

在我们的构想中，广联达数字设计平台生态主要包含三种类型的生态：应用生态包括应用商城（如工具软件、插件、云应用等）、第三方应用体系（企业系统集成、通用系统集成）等，是对数字设计平台功能的丰富和完善，从而提升用户体验、吸引更多客户，形成正向循环机制；内容生态则包括公共库、企业库，其对构件、户型、模块等进行收集和整理，为应用开发及用户使用提供设计资源，是对数字设计平台内容的补充和完善；社群生态可以提供各种针对终端用户、应用开发者的服务，包括培训、实施、二次开发等，是对生态体系的有力支撑。

在广联达设计愿景中，打造一个真正的自主可控技术平台，提供一体化的解决方案，助力勘察设计行业的转型升级是近景目标，在更远的未来，还希望能够构建一个数字化生态体系，从而与产业相关方共建科技的、人文的、绿色的建筑产业。我们相信，打造资源共享、生态共建、多方共赢、互利共生的勘察设计行业新生态是时代与产业所需，是技术与人心所向，是广联达设计正在前行的道路，是未来一定会实现的憧憬。

建筑业"十四五"数字化转型重点思考

文 / 李云贵

中国建筑集团有限公司首席专家

在数字时代，BIM、4G/5G、IoT、AI 等现代数字技术和机器人等相关设备的快速发展和广泛应用，形成了数字世界与物理世界的交错融合和数据驱动发展的新局面，正在引起生产方式、生活方式、思维方式以及治理方式的深刻革命。当下，数字技术加速发展，不断与实体经济融合，推动着产业革命，催生传统产业的新业态，如何抓住数字时代的新风口，依托数字技术发动新的增长引擎、探寻新的增长动能，成为当前各行各业面临的新课题。

绿色化、工业化和数字化引领高质量发展

随着建筑企业生产和经营规模不断扩大，建筑业总产值持续增长，2020 年达到 26 万亿元，占国民经济 GDP 增长约 7.2%，吸引了大批的建筑工人就业。建筑业又是一个高消耗、高排放的产业，给社会资源造成了一定的负担。如全球水泥和钢铁的产量有一半是中国生产的，但大量又在建筑行业消耗掉；建筑行业每年排放的建筑垃圾超过 20 亿 t，也是碳排放大户，面临着节能减排的巨大压力。总体来说，建筑业是粗放型的传统产业，在未来的高质量发展过程中面临着严峻挑战，提升建筑品质、实现节能环保，成为当前及未来发展中需要着重解决的问题，而实现绿色化、工业化和数字化则成为解决问题的最优解决方案。

第一是绿色化发展。要"让子孙后代既能享有丰富的物质财富，又能遥望星空、看见青山、闻到花香"，绿色化发展大势所趋。

2020 年 9 月 22 日，习近平主席在第七十五届联合国大会一般性辩论上发表重要讲话，指出"中国将提高国家自主贡献力度，采取更加有力的政策和措施，二氧化碳排放力争于 2030 年前达到峰值，努力争取 2060 年前实现碳中和"，勾画了中国未来绿色低碳转型发展的光明图景。在 2021 年 3 月主持召开的中央财经委员会第九次会议上，习近平主席指出：实现碳达峰、碳中和是一场广泛而深刻的经济社会系统性变革，要把碳达峰、碳中和纳入生态文明建设整体布局，拿出抓铁有痕的劲头，如期实现 2030 年前碳达峰、2060 年前碳中和的目标。推动绿色发展、促进人与自然和谐共生成为未来实现碳达峰、碳中和主要路径。作为耗能大户，建筑业绿色化发展不仅是经济发展的必然选择，也是未来实现高质量发展的题中之义。我国也出台了《住房和城乡建设部 国家发展改革委 教育部 工业和信息化部 人民银行 国管局和银保监会关于印发绿色建筑创建行动方案的通知》等一系列政策措施，为建筑业绿色化发展提供了政策指引。

第二是数字化发展。数字技术对传统行业影响深远，借助数字化转型，赋能企业"多快好省"实现工程项目成功。

"十四五"规划纲要首次将"加快数字化发展，建设数字中国"单列成篇，可见当前国家对数字化发展前所未有地高度重视。该篇内容分 4 章分别从"打造数字经济新优势、加快数字社会建设步伐、提高数字政府建设水平、营造良好数字生态"等方面明确了数字化发展的基本路径。国务院国资委印发《关于加快推进国有企业数字化转型工作的通知》，系统明确国有企业数字化转型的基础、方向、重点和举措，开启了国有企业数字化转型的新篇章，积极引导国有企业在数字经济时代准确识变、科学应变、主动求变，加快改造提升传统动能、培育发展新动能。把握产业数字化、数字产业化的变革机遇，以新基建筑牢发展基石，已经成为产业各界的共识，5G、IoT、AI、云计算、大数据等众多持续演进的创新技术，将赋能各行各业。

第三是工业化发展。在绿色化发展和数字化发展基础上，通过跨界融合发展，形成建筑业转型升级发展合力。

2020年的《政府工作报告》强调，要重点支持"两新一重"建设，即重点支持新型基础设施建设，新型城镇化建设，交通、水利等重大工程建设。其中，新型城镇化建设是以城乡统筹、城乡一体、产业互动、节约集约、生态宜居、和谐发展为基本特征的城镇化，是大中小城市、小城镇、新型农村社区协调发展、互促共进的城镇化。新型基础设施建设是以新发展理念为引领，以技术创新为驱动，以信息网络为基础，面向高质量发展需要，提供数字转型、智能升级、融合创新等服务的基础设施体系，包括信息基础设施、融合基础设施、创新基础设施。这对建筑业来说释放了极大的利好信号，能否抓住机遇，实现工业化发展是关键。

《住房和城乡建设部等部门关于加快新型建筑工业化发展的若干意见》（建标规〔2020〕8号），明确新型建筑工业化是通过新一代信息技术驱动，以工程全寿命期系统化集成设计、精益化生产施工为主要手段，整合工程全产业链、价值链和创新链，实现工程建设高效益、高质量、低消耗、低排放的建筑工业化；《住房和城乡建设部等部门关于推动智能建造与建筑工业化协同发展的指导意见》（建市〔2020〕60号）明确了相关重点发展内容；《住房和城乡建设部 科技部 工业和信息化部 人力资源社会保障部 商务部 银保监会关于加快推进新型城市基础设施建设的指导意见》（建改发〔2020〕73号）进一步明确新城建过程中的发展重点，建筑业企业需要重点关注这些政策内容，并在企业战略规划中有所侧重。

总体来说，在数字时代，建筑业面临建造目标、技术手段与建造方式三大形势与挑战。以节能环保为核心的绿色建造改变传统的建造方式，以数字化融合工业化形成智慧建造是未来发展的基本方向。未来建筑新业态将向着绿色化、工业化和数字化三大方向前进，这是毋庸置疑的。

重点推广 BIM 技术集成应用赋能数字化转型

正如前文所说，未来的发展方向是绿色化、工业化、数字化。未来的行业应该是怎么样的？应该是绿色的、工业的、数字的，这些都离不开信息技术，离不开智能终端的支持。在此背景下，BIM 技术的集成应用则是推动建筑行业转型升级的关键技术，是智慧建造和智慧城市的重要基础技术，是提升建筑企业核心竞争力的重要技术手段，其普及应用对推进建筑业转型升级意义重大。

数字技术在建筑行业应用的历程，从辅助绘图，到全面应用、提高应用，现在开始应用 BIM 技术和物联网研究智慧建造，其中 BIM 技术可以说是建筑业数字时代的开始。有关 BIM 技术大概可以用三句话来总结：第一句话是 BIM 技术政策积极有效，效果很好；第二句话是 BIM 技术的国家标准在陆续落地；第三句话是 BIM 技术的工程应用价值在逐渐体现。

当前 BIM 技术在项目和企业的应用范围已经很广，但在管理中的运用仍然远远不够，结合中建的实践，BIM 技术的应用存在 3 个共性问题，需要引起重视。

一是法律环境。BIM 模型还没有法律地位，蓝图仍然是法律依据，制约了基于 BIM 模型的审查、交付和存档。

二是 BIM 软件功能。现有 BIM 软件和相关设备的功能和信息共享能力达不到项目要求，需要大量定制开发，影响应用效率、效益和效果。

三是 BIM 应用人员的知识和年龄结构。掌握 BIM 应用技能的人员大多是年轻人，他们的工程经验不足，与实际项目管理过程结合还不够紧密，影响了 BIM 应用效果。据统计，中建 80% 的 BIM 应用人员的年龄在 30 岁以下，而美国约 80% 的 BIM 应用人员在 30 岁以上。

实际上，BIM 不只是一种信息技术，它已经开始影响建筑施工项目的整个工作流程，并对企业的管理和生产起到变革作用。随着越来越多的行业从业者关注和应用 BIM 技术，BIM 必将发挥更大的价值、带来更多的效益，为整个建筑行业的跨越式发展奠定坚实基础。

因此，在未来的发展过程中，首先要推广 BIM 应用的广度，从技术人员到管理人员，从技术应用到管理应用，各环节都要强化 BIM 的应用；其次要推广 BIM 应用的深度，充分发挥 BIM 的信息价值和质量，在智慧工地的建设过程中深入应用 BIM，解决工程的实际问题；最后要开展人才队伍建设，项目注重实战能力培养，将基础培训与应用提升相结合，在企业级、项目级、专业级三个不同层面培养既有建筑专业能力又有 BIM 技术应用能力的人才。

BIM 的本质不仅使建筑数字化，而且使建筑过程数字化，并对相关数据进行结构化管理，便于利用信息系统进行处理。随着 BIM 技术应用的不断深入，单纯应用 BIM 的项目会越来越少，更多的是 BIM 与 5G、IoT、AI、大数据、云计算等现代数字技术的融合应用，形成智慧建造，在施工领域，智慧工地正在加速发展。

"十四五"不是终点，只是一个阶段，数字化转型任重道远，更需要建筑行业相关人士提高认识，真正将数字化技术应用起来。数字化、人工智能等技术为行业提供了非常好的条件，使传统产业焕发了新活力。但是，任何技术都是双刃剑，用好了是帮企业发展，用不好可能会有问题。随着这些技术的发展，生产方式、组织方式、协作关系等将发生变化，只有勇于面对这些新变化、新挑战，紧跟时代发展，做时代的强者，才能真正实现企业转型升级，赋能行业高质量发展。

促进行业高质量发展
施工企业数字化转型工作要点

文 / 王鹏翊

广联达科技股份有限公司副总裁

数字化转型近年来非常热门，已经达到无行业不数字的状态。数字化转型已经突破了试点阶段，成为新旧动能转换的重要手段。有关政策倡导建筑类企业推动数字化与建造全业务链深度融合，数字化转型已是大势所趋。在此背景下，下文将进一步探讨施工企业需要解决哪些问题，如何才能真正实现数字化转型。

改变认知　消除建筑业数字化转型疑惑

当下，建筑业对数字化是否是行业发展的关键点，建筑行业数字化要做什么仍然存在疑虑。究其根本，在于对数字化的发展阶段、数字化的本质、数字化转型的内涵和逻辑、核心应对方法含糊不清。

1. 数字化发展"三大阶段"

（1）2000—2009年信息化阶段。

如果以10年为期划分，新千年的第一个十年是互联网技术引领下的企业管理流程标准化和信息化阶段，但此阶段是不是取得了成功并无定论。很多企业已经按照信息化流程在运转，但信息化切实给企业带来哪些效益、解决了哪些问题还要打个问号。总体来说，信息化解决了企业管理底线的问题，但在降本增效上还没有进一步挖掘；实现了企业对各个部门办公和流程的管理，但项目信息还未打通。

（2）2010—2019年技术化阶段。

这10年是4G快速发展、建筑行业数字技术快速发展的阶段，包括移动互联网、BIM、物联网等技术。这10年的发展弥补了21世纪初10年的缺失，实现了施工现场数字化，包括建筑物本身、人机料等。但行业仍然存在疑惑，如这些技术究竟为行业解决了什么问题，收获了哪些效益，能否和管理结合等。

（3）2020—2029年数字化和智能化阶段。

显而易见，行业的数字化发展阶段与技术发展密不可分，这10年是跟随5G等数字技术发展的10年。首先前5年把流程管理和施工现场数据结合，帮助企业去决策、激发数字化的管理，其次后5年这些管理的变化可能深植在企业中，用数据驱动变革，帮助企业开启真正的数字化转型。

2. 数字化本质"两场升级"

我们认为，数字化的本质是数据驱动的工具升级和数据驱动的决策升级。

工具升级，比如BIM智能翻样+智能机械加工替代人工翻样+手工操作加工，数据驱动机械代替纯体力劳动，并发展到智能工具的阶段，实现一线作业层工作效率的指数级升级。

决策升级，弥补人类凭经验决策的短板，通过感应器、物联网、AI 算法等手段使数据辅助科学决策甚至达到智能决策。

目前，建筑业数字化大多更侧重于工具层面、单点应用的效益和价值，但在未来，最重要的方向一定是数据驱动帮助企业决策。

在此，需要强调行业中长久以来讨论的问题，即信息化与数字化的关系。我们认为，信息化与数字化整体上是同一方向的，但狭义信息化的核心是流程思维，解决的是企业管理标准化、标准流程化、流程信息化的问题，不能辅助流程节点中的关键人进行决策；而数字化的核心是数据思维，围绕数据如何产生、管理和应用，关键人可以根据历史数据来判断和决策。

3. 数字化转型"内涵"

现代管理学之父德鲁克认为，企业的本质是创造客户；而经济学大师科斯认为，企业的本质是资源配置的机制。我们不妨综合先贤的观点，得出以下结论：企业的本质是满足客户需求、调配资源的方式。

企业数字化转型是通过高效应用数字技术去了解客户需求、认知企业生产组织能力、识别供应链资源，对外部变化进行实时洞察、对内部资源进行调动重组、对供应链进行优化升级，形成客户价值和企业能力高效匹配的平台型组织，提高企业敏锐的洞察力、高效的决策力和敏捷的执行力。

明晰内容　掌握建筑业数字化转型维度

现实情况中，不同的企业进行数字化的节奏各有不同，企业需要明晰建筑业企业数字化转型的三个维度：

一是作业维度（作业层数字建造－精益建造）：利用 BIM+ 智慧工地，通过移动互联网、IoT、云计算、BIM 等数字化技术，将工程项目设计、制造、施工、交付整个过程数字化，提高项目层的工作效率。

二是管理维度（公司层数字管理－赋能平台）：对业务系统进行数字化，

通过数字驱动项目绩效管理、人员管理，从而使集团对企业的管理、企业对项目的管理、项目对个人的管理都基于数据发生变化，实现内部资源和能力数字化，形成一个赋能平台，高效调配企业内部资源。

三是生态维度（价值链上下延伸－升级主导）：对客户来说是将价值发现的过程数据化，对合作伙伴来说将建造和管理标准数字化，并延伸到劳务、物资、专业分包等整个价值链中，调动整个产业链资源。

1. 作业维度—项目作业数字化

作业层也就是项目的数字化有三大要素，即生产要素（人、机、料、法、环）、管理过程（技术、进度、质量、安全、成本）和建筑实体（建筑、结构、机电、场地、措施）。

数字建造是"BIM+智慧工地+PM"的整合和升级，利用BIM+"云大物移智"相关技术，通过对项目的实体数字化、生产要素数字化以及项目管理全过程数字化，实现对项目现场作业的可控、项目指挥的高效及企业决策的精准。

2. 管理维度—企业管理数字化

从企业层来讲，数字化对企业管理带来最大的变化就是能够通过上传云端，作业层、项目部和企业零时差数据共享，实现数据驱动的实时统一管理和协作：企业深度参与项目管理，最终达到项目风险降低40%～60%，成本降低1%～2%的效果。

作业层——工作量降低30%，能力提升周期减少50%。能力提升：疑难问题求助，方案、规范学习，标准工艺学习。作业面管理：作业面交底、过程实测实量、过程问题跟踪、协作任务分派。

项目部——沟通效率提升30%，资源使用效率提升20%。风险识别与分析：风险源跟踪、隐患识别预警。资源组织与协调：沟通与交底、资源偏差分析。方案优化调整：模拟交底、关键影响因素分析。

公司——资源使用效率提升 1～3 倍，沟通成本降低 20%～50%。资源协调：资源配置，包括资金调配、设备调配、人员调配。经济性分析：经济指标，包括功效指标、产值指标、成本指标。风险识别：公司智囊团，包括技术专家、安全专家、质量专家。

（1）在线化促使生产管理方式变化：据了解，一些企业通过数字技术实时查看项目进度、质量、安全情况。例如例会方面，企业启动项目数字周会，完成率最高可达 60%，而未应用数字周会的企业可能只有 40% 的完成率。

（2）数字化提升内部管理：人员和项目绩效管理数字化即通过各个方面数据的积累，为后期的绩效评定、供应商选择判断做支撑，提升内部人员和项目绩效管理。

人员绩效管理——员工执行力排名、优秀员工库、明显短板员工库、培训教育动态库（明确在规定时间内，需要培训相关内容的员工排名，根据排名情况安排培训及教育）。

项目绩效评定——优秀项目排名（通过项目自评数据及企业巡检评价数据确定排名，可通过质量管理、进度管理、安全管理、成本管理等方面分别设置权重进行综合评定）。

已完成项目库——项目类别、各类别工程工时信息、工效信息、工期定额等，阶段单平方米建筑面积工日数、单位工程量消耗工日数、区域工人工效信息、成本管理信息等。

劳务供应商评价——对服务项目清单、质量情况、安全情况、进度情况、罚款情况、恶意讨薪情况等综合打分。

物料供应商评价——对服务项目清单、供应物资清单、履约情况、材料合格率等综合打分。

3. 生态维度—价值链上下延伸

这一维度包括用户、建设方、分包方、施工单位等全部计划和管理活动，目前主要指供应链。在实现企业的数字化管理后，一些大型企业已经开始在依托自己的供应能力的基础上思考对供应链的数字化管理，例如陕建华山云商、中建云筑网等电商模式的探索。

工程建筑业产品是空间固定、体积庞大、生产过程相似的工程设施，每个项目都不尽相同，无法完全实现一劳永逸。与之相应，供应链是以一种高度碎片化的状态存在的。供应链数字化，是要将企业供应链的运营从"链式"变成"网状"，加速每个伙伴间的互联互通，革命性地提升整体供应链的执行效率。

在供应链之外，不妨畅想，随着大家的不断探求，建筑业在项目管理、工艺工法等方面，大企业能否把自身的核心能力通过数字技术变成向所有伙伴开放的平台，将竞争对手变成伙伴，允许不同伙伴在平台之上互通信息，并按照平台的规则分配利益。建造过程本质来讲是创造价值最大化的过程，如果施工企业能沉淀下此种能力，也许就可以掌握议价权，最终实现从公司管理到行业治理的飞跃，改变行业生态环境和价值链。

掌握方法　推进企业数字化转型实施

前面深入探讨了数字化转型的三个维度，探讨了项目建造的过程，企业内部组织的管理和供应链的提升方面的价值。从现实来看，建筑业的数字化还在处于早期阶段，那么建筑工程领域究竟应该如何进行数字化转型，有哪些重点工作需要特别注意呢？

1. 施工企业数字化转型框架

在广联达梳理的施工企业数字化转型框架中，数字化转型是从公司战略层面出发的。公司数字化转型策略一定要承接企业战略，去指导规划各个业务部门的战略、IT部门的战略，重塑企业商业模式、流程、组织、资源、信息、标准，建设数字化系统，促进企业架构的数字化变革，继而实现企业的数字化转型目标。

2. 施工企业数字化转型重点工作

在企业的数字化过程中存在普遍痛点,例如企业无法回答数字化策略与企业战略的关系,所上数字化系统对企业战略有哪些支撑作用也并不明晰等。这些问题需要我们回答:

(1)数字化转型规划。

我们认为,在未来建筑业企业主要面对的重点工作排第一位的是数字化转型规划路径。施工企业数字化转型启动后,首先要进行战略解读和现状评估,其次进行数字化蓝图规划,最后实施路线图规划。

经广泛调研发现,合理的数字化转型规划路径在企业的转型实施中是严重缺位的。大多数企业战略规划很及时,同时明确企业要发展、开拓新能力,但如果这些能力和数字化建设之间没有好的路径链接,没有把企业能力与 IT 技术有效结合,就是"两张皮"。企业数字化转型要从战略层面,明确方向、凝聚共识、盘点问题、把握趋势,指明建设方向,兼顾长短期目标,完善治理、有序推进。IT 建设一定是企业战略非常核心的一部分,而只有回答了以上这些问题,明确价值驱动才能成功。

(2)建立项企一体化,数据+流程的 T 形系统。

建筑业企业数字化转型面临的第二个重点工作是数据+流程的 T 形系统问题。

第一,流程式企业管理系统。建筑业企业已经建设了十几年的信息化系统,这是一个围绕企业市场管理、经营管理、财务管理、工程管理平台、审计监管、集采管理、人力资源管理的流程系统,这些系统融合成完整的统一系统,实现流程式管理,是组织、业务的升级。

第二,数据式项目管理系统。2010—2020 年,建筑业企业做了很多项目级的数字化系统。项目管理系统是项目管理的数字化过程,主要分为三部分:建筑的数字化,即利用 BIM 技术实现建筑物实体的数字化;生产要素的数字化,即利用 IoT 技术采集现场发生的人、机、料的数据等;管理过程的数字化,即进度、成本、质量、安全这些过程中的数据如何采集。该系统分为项目级系统和企业多项目大数据平台两个部分,通过打破组织边界,构建项目、公司、集团数据一体化。

当前阶段,企业面临的挑战或者说一大工作痛点就是这两个系统能不能融合的问题。

广联达认为原始的流程系统所存在的问题是对一线数据的不了解,数据在流程节点没有起到辅助决策的作用。两者不是对与错的关系,也不是替代与被替代的关系,它们应该是横向流程式企业管理系统与纵向数据式项目管理系统融合的项目+企业、数据+流程一体化的 T 形系统。

(3) 中台能力建设。

如何真正融合两个管理系统,形成一个 T 形 IT 系统呢?其中并不是简单的数据交互,建立"中台" 更关键。例如,企业要完成人员的数字化,信息来自多个系统,人力资源系统有关人员管理、薪酬管理的情况,而项目管理系统有关于人员所有作业的情况,所有的信息会聚在一起形成完整的对人员描述的主数据汇聚在中台。而劳务的主数据、项目的主数据、供应商的主数据等,均在"中台"汇集,就形成了中台的能力。

企业不难发现在同一个系统内部会有大量的业务重叠,更何况来自多个供应商提供的不同系统之间的业务重叠呢。企业需要重视的是如何将企业核心能力沉淀到中台,随后将中台做厚,只有这样前台才能做快,从而支撑企业长远的发展。对整个建筑行业来说,中台也是巨大的挑战,行业需要一个中台把公共能力沉淀下来。

(4) 广联达对数字化服务新模式的思考:平台+服务+合作。

如何做才能建立前文所讲的新数字化模式?建筑业自身特点十分鲜明:首先是"复杂",要考虑到技术、进度、成本、质量、安全、劳务、物料等不同线条,同时要兼顾企业、项目两个层级;其次是"个性",每个企业甚至同一企业的不同项目，承接和激励管理模式劳务、物料管控力度都不同；最后是"多变"，项目现场管理缺乏标准，BIM、智慧工地、移动技术快速变化，集中管控需求增加。

面对行业的个性化需求，一般的解决方式都存在或多或少的弊端，比如"自研"会面临核心技术缺乏、产品架构缺乏、关键人才缺乏、实施保障困境的问题；"中小厂商定制"会面临应用分散难以集成、核心技术难以突破、品质难以保障的问题；使用"标准产品"会面临业务匹配最后一公里难、系统整合难的问题。

作为一家为建筑业企业提供数字化服务的平台服务商，我们认为将来企业间的合作模式一定会发生变化，统一平台＋生态合作才是新的出路。

目前，广联达的业务系统已经非常完整，几乎形成完整的中台，并且对外开放中台能力，其他系统可以完成与广联达中台的对接，共同完成核心能力沉淀，赋能生态伙伴，实现企业的个性需求。例如在物联网方面，筑联平台接入 60 多个大类设备，建立了 300 多家合作伙伴生态圈。中台建设是大部分企业需要面对的问题，它体现的仅是冰山水面以下的部分，这部分没有解决，冰山水面以上的部分只能实现简单的整合。

最后分享一组数据，建筑行业数字化发展阶段中在线化的流程管控即狭义的信息化建设水平能够达到 94 分，而数据化管理作业水平只能达到 43 分，智能化经营决策水平则只有 7 分。总体来说，建筑企业的数字化前路漫漫，需要全体建筑企业的共同努力。

数字化设计开启建筑业高质量发展未来

文 / 熊中元

中国建筑西北设计研究院有限公司
原董事长

在加速数字化发展、建设数字中国的浪潮中,每个行业都在面对数字化带来的挑战和机遇,建筑行业也不例外。行业数字化已经启动,作为建筑业数字化初始阶段的设计领域,数字化转型已经迫在眉睫,要求整个企业从组织流程、产品设计到人才储备等随之变革。

设计数字化的五大影响

伴随第四次工业革命的来临,产业数字化是必然趋势。产业数字化是指在新一代数字科技支撑和引领下,以数据为关键要素,以价值释放为核心,以数据赋能为主线,对产业链上下游的全要素数字化升级、转型和再造的过程。具体到建筑设计企业,数字化会在五个方面带来影响。

一是数字化是一种工具。当年我们用二维CAD"甩掉图板",乃至今天所进行的协同设计,工具的创新将带来生产效率和工作质量的提升,协同设计是设计院的第一项基础性工作。

二是数据作为一种重要的生产要素,融入设计产品,让已有的资源数字化,通过计算机识别加以应用。从这个角度看,设计院要把内部的资源尽可能地数字化,并以此支撑设计协同。中国建筑西北设计研究院(以下简称"西北院")在近70年的发展过程中,积淀了220万余张宝贵的纸质版设计资料。目前正在积极对接AI智能识别头部企业,共同探讨研究图档数字化建设工作。预计通过图纸档案扫描后,介入AI智能识别技术,可以快速提取图纸中关键信息并自动录入数据库。

三是交付的设计产品是数字化产品,比如BIM数字模型。数字化的第三个层次是重构产品形态——形成数字化产品。现有的二维图纸还不是数字化产品,而三维数字模型就是。BIM模型不仅是将项目的几何信息、属性信息、工艺描述、管理信息等直接附着在内的三维标注技术(MBD),而且其数据载体关联工程项目的策划、设计、采购、施工和运维等全生命周期的每一个阶段,可以实现在各参与方之间进行数据与业务信息的传递以及项目全生命周期各个阶段数据的收集、关联和复用,是一种"数字孪生"的概念。这既是智慧建筑的根本,也是构成智慧城市的基础。

四是再造产业链生产模式,即重构生产模式。建筑业传统的生产模式制约着设计产业数字化,其根源在于设计和施工"两张皮",只有实现设计施工一体化,有了数字化的设计,才有智能建造的可能,才能实现智慧运营,从而构成一体化的建设模式,也才能实现从BIM到CIM的发展。反过来,才能实现从使用和运维角度指导设计和建造,将一个数字模型贯穿到底。

五是数字化的应用为城市规划设计者提供了更具前瞻性思考的可能。从建筑设计角度来说,数字化给建筑师提供了一个更前瞻性的创作空间,让建筑更符合城市建设的规律和城市发展的逻辑。也就是说有了数字化的手段,我们考虑的城市规划和建筑设计才会更全面，更有高度、广度和深度。

设计企业数字化的痛与希望

数字化转型势不可挡，建筑设计企业近十年来一直在进行艰辛的探索。对整个建筑行业来说，建筑设计是龙头，但是建筑设计企业的数字化转型在整体上是比较缓慢的。

中华人民共和国成立后，我们沿用了苏联的工程建设模式，造成目前设计、施工、安装、运营的分割，彼此关联度很低。这种模式尤其在改革开放以后，是与市场经济的内在要求不太适应的。当前无论是 EPC 模式、工程总承包模式，还是全过程工程咨询、建筑师负责制，都是西方市场经济发展的产物，引用到我们的体制中，仍是不太适合的。在此期间也进行了很多变革，实际上其焦点是设计和施工"两张皮"问题还是没有得到很好的解决。

数字化转型能够通过赋能的方式对"两张皮问题"进行解决，但进程很缓慢，其难点和痛点在于投入与收益的不匹配。数字化转型的收益成果主要留在了施工、安装和运营端，设计企业作为前端要承担"产业链龙头"带来的高投入，却并未享受到数字化转型的价值赋能。

当然，这与行业建设体制有关。现在基于 BIM 的建筑设计平台可以很好地解决这个问题，它使数字化可以跨界融合，整合整个产业链，让产业链之上的各类信息以数字化形式互通互联，形成一个全产业链、全生命周期的组织生态，实现设计施工一体化，达到全产业链赋能的效果。

对设计企业数字化转型未来，我有两个展望。

一是通过设计的带动和引领，把整个建筑业的产业链拉通，进而实现全生命周期的关注和服务。数字是第四次工业革命的关键要素，产业数字化迟早会到来。整个建筑行业的数字化转型，建筑设计企业是关键。有了数字化的建筑设计，才能有建筑的智能化建造、智慧化运营，直至从智慧建筑到智慧城市。作为建筑设计企业，未来会与数字化平台携手进行二次开发，不断精心打磨。转型成功的建筑设计企业带来的不仅是高质量、高效率、高完成度、精细化的设计产品，一定还会引领全要素、全过程、全生命周期、全产业链的整合和互动。

二是用数字化手段实现对城市高质量规划建设和城市发展逻辑的前瞻性预演和可视化塑造。在城市规划、城市更新和生态修复方面，西北院提出要进行"系统思考、整体谋划"这一新思路。"系统思考"就是要从"四个站位"的角度进行思考。一要站在以科技创新促进城市可持续发展的角度来思考，终极目标是降低城市碳排放，以此促进人类的可持续发展，这是规划师、建筑师要考虑的第一个站位。二要站在以人民为中心进行城市建设和发展这一角度思考，也就是要以人为本，以高度的人文关怀为人民群众创造更加幸福美好的生活。三要站在传承城市文化、促进人类文明进程的角度来思考。数字化不仅要让城市变得智慧便捷，还要让城市更可爱可亲。历史文化是城市的灵魂，文化塑造着一个城市与众不同的历史底蕴和精神气质。四要站在投资者的角度来思考，充分考虑投资者的利益，让城市充满活力。从城市建设和城市发展来说，如果这个城市对投资是有吸引力的，投资在这里能得到回报，一定能促进这个城市的经济发展，提升城市的经济活力，最终实现人民生活水平的大幅度提高。

有了以上四个角度的站位思考，还要通过全要素、全过程、全生命周期、全产业链的整体谋划，实现城市的高质量发展。这"四个站位"和"四全"的实现，没有数字化的手段是很难做到的。建筑设计的数字化转型、提升和再造，让我们有了一个对城市建设规律和城市发展逻辑的前瞻性再思考，它是可模拟、提前预演的，可以通过虚拟指导现实。

"人才+传承"塑造企业核心竞争力

作为我国最早设立的六大区综合甲级建筑设计院之一，西北院始终坚持传承、创新、弘扬与光大中华建筑文化，坚持传统与现代相结合的创作道路，在人才和历史文化传承创新方面形成了核心竞争力。

一是培养和造就了一批行业领军人才。从 20 世纪 50 年代留美的总建筑师董大酉、留法的洪青，到改革开放以后成名成家的张锦秋院士，再到现任总建筑师赵元超，以他们为代表的这些人才就是西北院的核心竞争力所在。2015 年 5 月 8 日，经过国际小行星命名委员会的批准，紫金山天文台于 2007 年发现的一颗编号为 210-232 的小行星，被命名为"张锦秋星"。此次命名是对张锦秋院士所做贡献的高度认可，让张锦秋院士成为建筑界的一面旗帜，也成为我们西北院的闪亮名片。同时，我们还采取了一系列措施，优化完善了人才引进、培养和职业发展体系，形成体制机制。西北院不仅是一个企业团队，还是一所有师徒情感的学校。通过师徒传承，让青年员工不仅在工作中得到了锻炼，更在内心浸润了师徒情感和文化传承，让他们尽快成长、成才、成就。我们提倡年轻设计师不仅要有高超的技术能力，更需要情怀、格局和远大的理想，需要义无反顾地坚持和坚守，让这份事业成为终生的职业追求。

二是传承、创新、弘扬和光大了中华传统建筑文化。现在的西安、曾经的古长安，不仅创造了人类历史上城市辉煌的典范，更成就了中华民族的大国文明和大国地位。中华人民共和国成立之初，西北院便扎根于西安，随后长于西安，发展于西安，成就于西安。对西安的了解和感情，对中华建筑文化的传承和创新，是西北院的一大优势。近七十年来，西北院在西安设计完成了一批标志性建筑，有些已成为经典之作，可以说是用自己的设计作品成就了西安城市特色的基调。这是西北院区别于其他设计大院的一大差别，也是显著特色。

"十四五"已经启航，可以预见，这必定是一个非同寻常的五年，而数字化必将成为趋势。广联达数字设计平台的发布让我们有了自己的一个平台，这个平台会让我们的核心竞争力插上双翅，创造更辉煌的未来。数字化时代，就是看谁能将数字技术有效转化为高价值创造和高竞争力，让我们积极拥抱数字化，全力奔向高质量发展的美好未来！

数字化：建筑业的未来

文 / Pierpaolo Franco
广联达科技股份有限公司副总裁

发展数字经济是新一轮科技革命和产业变革的大势所趋，也是推动经济高质量发展的重要途径。在建筑行业，伴随数字技术的加速创新和融合应用，智能建造、数字建造、建筑工业化等正在使建筑业、房地产行业加速进入数字时代。

建筑业进入数字化时代

打造数字生产力，建立数字化新型生产关系是实现建筑产业数字化转型的破局关键。而作为数字技术与建筑产业有效融合的"数字建筑"，将成为引领建筑产业转型升级的核心引擎。

数字建筑代表建筑业的未来，将在建筑全生命周期的方方面面发挥重要作用。

在建筑行业数字化转型的过程中存在一些误区，比如有人认为数字建筑即 BIM 技术，其实数字建筑不仅仅是 BIM 模型那么简单，它是整个建筑建造过程的数字化。数字建筑代表新设计、新建设、新运维，不仅涉及建筑一个孤立的方面，还延伸至建筑物的全生命周期。

通常意义上看，BIM 技术作为数字建筑的核心引擎，能够整合项目中的众多数据，使数据使用更具针对性，涉及工程项目的造价、尺寸、规模等诸多方面。利用 BIM 搭建更大的数字平台，允许工程项目进行数字化复制和模拟，通过进行实时的数据交换，可以赋能实施工程项目的业主，为政府提供模拟计算，提供决策性的支持，构建数据孪生，以及对资产进行数据化管理。

数字建筑是一个复杂的系统，整体来看是一个数据化的平台。它是很多技术多方融合的综合平台，包括云计算、5G、物联网、AI 人工智能等技术。

从数字建筑到数字城市

BIM 技术在数字化建筑层面推动项目在施工之前进行数字复制和项目模拟，以应对各种可能发生的情况，有效避免失误产生的成本和时间浪费，对实现碳达峰和碳中和，也具有重要的意义，可以带来综合性的影响。比如，BIM 模拟各种建造环境下，应使用什么样的材料、采用什么样的施工工艺，以降低降工风险、避免工程预算超支、减少碳排放，有助于提升建筑业可持续发展。

同样，在数字城市规划建设管理过程中，BIM 依然发挥着重要作用。数字化城市是数字建筑的延伸和扩大，数字化城市体现在城市规划、基础设施建设、自然环境等多方面，目前我们所说的数字城市，绝大部分是指数字孪生城市或孪生的虚拟城市。

数字孪生城市的建立，意味着数字孪生技术在城市规划建设治理上的深入应用。通过数字孪生对城市发展进行推演，对数字化城市进行模拟，比如自然灾害、突发事件等情形，提前制定预警方案；在城市更新领域，对老旧建筑进行数字化模型比较，采用数字孪生方式能够前瞻地了解拆除、更新后新的街区样貌，进一步指导城市更新。此外，通过数字化工具模拟城市人口的变迁，比如在人口增加或减少的情况下，城市会出现什么状况，为城市规划提供有力的辅助。

从数字建筑到数字城市，数字化、智慧化的方式已经在众多城市的交通、水利、市政、电力等城市治理中得到进一步的验证，数字城市变得更为触手可及。

面向未来，通过数字化的建造方式、孪生技术，为中国乃至全球各种规模的城市提供新数字技术建设方案，以此推动城市数字化转型，让人们在更加安全舒适的城市里生活和工作，让人们的居住环境更加美好。

通力合作　迎接数字化转型挑战

在数字化时代，建筑、房地产行业如何迎接数字化浪潮，处于关键转型期的传统企业面临着诸多挑战。比如，当前工程项目存在的主要问题在于整个过程的脱节，采购、设计、建造、运营等环节孤立存在。要解决这一问题，需要各环节互联互通，实现项目参与者协同，共享数据和模型。数字化转型将加速推进项目协同，实现数据贯通，覆盖项目全过程，各个环节能够形成合力优势。

行业领导者和领军企业应在制造、设备、项目管理等方面加强沟通，采用全生命周期管理模型，共同设计数字化解决方案。同时，数字化转型也需要得到多方支持，包括负责制定标准的国际组织及项目的终端用户等，以促进数字化建筑和城市的发展。

无论是规模还是发展速度，建筑业都具有无可比拟的优势，尤其是近十年来，中国建筑业质量也在不断攀升。可以说，中国建筑业的整体水平都在升级，数字技术的加持，将进一步加快中国建筑业的整体提升。

内容根据《中国房地产金融》采访整理

争当数字经济"弄潮儿"
以数字化助推建筑业二次腾飞

文 / 王永君

长春建工集团有限公司
党委书记、董事长

科技是第一生产力。当前,蓬勃发展的新一代信息技术正在以前所未有的科技伟力推动社会发生巨变,衍生出诸多新生态、新模式,"打造数字经济新优势"已成为我国经济社会发展的重要目标。时代的浪潮中,面对重重挑战,建筑行业毅然决然地迈入数字化转型发展新阶段。历尽天华成此景,人间万事出艰辛。数字化转型是创新、是变革、是出路。可以预见,在传统建筑行业数字化转型的历史进程中,那些敢闯敢试、敢为人先的企业必将享受到更多技术赋能所带来的行业红利。从这个角度讲,产业各方都应争做数字经济大潮的"弄潮儿"、行业数字化转型的"排头兵"。

数字化转型是建筑行业二次腾飞的新引擎

当今世界正在经历百年未有之大变局,全球科技产业竞争加剧。近年来，世界主要国家都不遗余力地加强在数字科技创新、技术标准和国际规则制定等方面的布局，谋求在全球数字经济竞争中抢占先机。党和国家统揽全局，积极谋划经济社会全面转型。习近平总书记在党的十九大报告中指出，加强应用基础研究，拓展实施国家重大科技项目，突出关键共性技术、前沿引领技术、现代工程技术、颠覆性技术创新，为建设"数字中国"等提供有力支撑。

伴随着"数字中国""数字经济"上升为国家战略，各行各业纷纷开启数字化转型的新道路，以数字技术赋能产业发展，推动质量变革、效率变革、动力变革。社会各方已经深刻意识到，数字化转型是以信息技术全面重塑企业经营管理模式的有效途径，是企业发展模式的变革创新，是企业从工业经济时代迈向数字经济时代的必然选择。

企业数字化转型并非简单的新技术应用，而是发展理念、生产方式、管理模式、组织方式等全方位的转变。对传统的建筑行业而言，数字化转型是一场全新的产业革命，贯穿建筑行业的全过程各领域，通过新设计、新建造、新运维，形成全新的建筑生态体系，有利于调整优化企业资源配置，提高生产效率，精益项目管理，提升工程质量，杜绝安全事故，从而减少浪费、节约成本，提高企业利润率。

建筑行业的数字化建设刚刚进入快速发展期，但从当前探索推进情况看，"数字＋建筑"确实衍生出诸多新业态、新模式。比如传统的购房，过去是看样板间、看图纸，现在可以利用VR技术远程看房，并与施工单位、设计师远程对接，进行个性化的建设与设计。设计时也可以利用BIM建模技术，预先设计讨论，满足购房者个性化需求。现场管理方面，建造者、运营者都可以根据自身需求进行数字化定制，实现产品优化，更好服务客户。

这一系列变化说明，"数字＋建筑"带来的深刻变革是颠覆式的，同时其未来是值得期许的。对工程体量大、建设周期长、资金投入大、项目地点分散、专业性强、参与方多的建筑行业，数字化转型无疑将成为行业开启高质量发展、实现二次腾飞的新引擎。

行业数字化转型　国有企业要当表率

数字经济是继农业经济和工业经济之后的新经济业态，带来管理方式、运营方式、生产方式的重大变革。未来，建筑行业要重点加大数字化转型，实现建筑业的高质量发展。产业各方也希望通过数字技术应用建立企业数据生态，助力业务发展，提升核心竞争力。

行业各有各的特殊性，数字化转型也面临各自的难点和问题。相较于金融业、制造业等数字化发展较快的行业，建筑行业的数字化发展明显滞后。与其他行业不同，建筑行业数字化转型主要体现在管理模式和产品特性上。

管理模式方面，由于建筑行业发展早期具有高周转、高利润的特性，成本管控相对宽松，建筑行业上下游形成了粗放式的管理习惯。市场饱和后，行业发展回归常态，已固化的粗放式管理模式下导致的利润问题更加明显。

产品特性方面，建筑行业不同于制造业这类可标准化的行业，它有着产品形式多样性、建设地点固定性、生产人员流动性等特点，导致建筑产品难以像制造业一样实现施工工艺、工序的标准化，数据采集、数据分析等过程的标准化。这些客观因素阻碍了建筑业像其他行业一样，通过数字化的方式实现机械化和工业化生产产品。同时，由于建筑行业企业效益上价值反馈不及时，导致企业自身转型动力不足，多数企业不愿意在数字化建设上投入，更不利于数字化实践，阻碍行业长远发展。

时代的巨变需要伟大的先驱。建筑行业数字化转型同样需要一批敢为天下先的"弄潮儿"和保持创业热情的"拓荒牛"，敢闯敢试、锐意进取，在日复一日、年复一年的探索和奋斗中，推动行业进步与发展。作为国民经济的"顶梁柱"和"压舱石"，建筑行业的国有企业要争当表率、争做示范、走在前列。

长春建工是长春市属国有大型企业，拥有完整的建筑全产业链，具备为客户提供从投资、建设到勘察、设计、建造、运维等为一体的建筑全生命周期服务能力。旗下"建筑施工、设计咨询、房产开发、投资运营、建材工业"五大产业协同联动,一直都是吉林省城市建设的主力军。近年来,长春建工先行先试,将数字化作为一把手工程推进落实,搭建协同一体化平台,建设集采、劳务、专业分包三大信息平台,深化BIM技术研究与应用,实现"互联网+"和信息化不断向项目管理领域延伸,激发数据这一核心驱动要素的潜能,推动企业形态根本性转变。

近几年,长春建工通过在项目端、岗位端和企业端的数字化转型,取得一定成果。在项目端,与广联达科技股份有限公司合作进行"BIM+智慧工地"的探索,通过平台软件、视频系统、移动终端、手持设备等,对项目个体运作的全过程进行监控。在岗位端,作业班组、安全员、施工员、物料员使用手持设备进行安全管控、技术复验、物料管理。在企业端,结合岗位端、项目端对所有项目实施远程监控管理,进行人机料法环的管控。

传统的管理方式主要依靠流程、人员管理,物料的消耗和成本的管控存在盲区,实现数字化管理之后,通过全方位数据采集,完成各层级数据筛选和分类,形成决策依据,提高决策科学性。同时,基于长期数字化应用实践累计的数据与实际场景结合,将进一步总结一套成熟、科学的项目管理经验,为企业人才培养赋能,实现资源的全方位高效利用。

以数字化新工具破解产业发展难题

建筑业是我国国民经济的支柱产业,多年来保持高速增长,为我国国民经济增长与社会发展稳定做出重大贡献。然而建筑行业长期以来被贴上"落后产业"的标签:发展模式粗放、生产效率低、工业化程度低、建筑人员综合素质不高,而且资源浪费大、建设成本高。特别是在国家经济全面转型发展,以及社会高度关注质量、效率、效益的今天,建筑业传统粗放式的发展时代已经宣告结束。转型升级构建核心竞争力,推动高质量发展、可持续发展,已经成为行业各方的使命。

以大数据、5G、BIM、云计算、区块链等为代表的新一代信息技术推动了数字经济的崛起，为建筑业等一众传统行业注入了高质量发展的新基因，特别是在破解既有的发展难题方面，作用尤为明显。

工程质量是企业的生命线，更关系到人民群众生命财产的安全。建筑行业是安全事故多发的高危行业，主要凸显为"物的不安全状态，人的不安全行为"。安全管理，一直以来都是行业痛点。

传统管理模式下，大多数工程项目安全防范都是通过人工巡检，由经验总结出危险源来进行提前防范。数字化技术手段的引进可以实现对工程项目的全生命周期安全管理，"智慧工地数字化平台"是项目大脑，通过数字化映射真实工地，将被动监督变为主动监控，为施工现场打造一层全覆盖的隐形"防护罩"，确保安全监管精准有效。其强归纳性、强阅读性、可追溯性，有效解决了工程项目"检查难、整改难、管理难"三大难题。

通过遍布在施工现场各个角落的监控镜头，对现场进行智能巡检；通过系统智能分析，实现风险预警。监控镜头能有效地将问题部位拍摄下来，安全检查人员发现问题后，可以通过文本、图片、语音、视频等方式进行问题描述，并指定人员进行问题整改，相关责任人整改后将整改结果上传，安全检查人员再进行确认，形成检查的闭环管理。同时，对不戴安全帽等施工人员违规行为进行抓拍，通过AI技术辅助项目安全管理，减少项目安全员的盲区，也提升了项目安全监督管理水平。

除了安全管理一直为社会所诟病，人口老龄化带来的劳务短缺、劳务用工管理制度不健全以及农民工合法权益难以保障等问题也一直是建筑行业的顽疾。当前，建筑行业人员问题主要体现在两个方面：人口老龄化导致的企业人员空缺；施工行业特性导致的企业与劳务用工矛盾显现。

对此，数字化同样提供了破题之道。企业人才培养方面，针对过往发展中呈现的项目管理靠经验、缺少明确依据、管理标准很难明确、人才流失连带经验一起流失的情况，通过数字技术实现项目数据的实时采集，通过对数据管理决策，让管理标准更加明确，从而降低项目管理者素质要求，提升企业业务规模化发展效率。劳务用工方面，针对施工项目中大量劳务人员流动监管困难的现状，通过应用闸机等考勤设备，与劳务管理系统结合，动态掌控项目人员出勤情况，一方面自动生成劳务企业、施工班组及工人考勤表，提高考勤准确性，实时掌握项目施工人数、工种情况，确保工程进度；另一方面通过数字应用确认劳务工人的工资发放情况，保证工资真正发放到工人手中，降低薪资纠纷风险。

从目前新技术的推广应用情况可以预见，伴随着新技术加速与传统产业融合，数字化将实打实地帮助建筑行业解决一系列发展难题，助力行业各方走出一个更好的明天。

无惧阻碍和挑战　加快推进数字化转型

千里之行，始于足下。数字化转型是大势所趋，但绝不可能一蹴而就。

建筑行业的数字化转型依然挑战重重，其固有的特性决定了建筑企业数字化转型是一个艰难的过程。首先，建筑行业早期市场缺口大，在促进行业蓬勃发展的同时，也形成了管理模式固化、数字化意识缺乏等，企业数字化进程推行缓慢。其次，企业缺乏信息化应用规划的能力，以及建筑工程业务经验和工程管理能力兼具的复合型人才，目前多数企业信息中心的技术人员无现场管理经验或现场管理经验不足，而具备现场管理经验的工程人员不愿从事信息技术工作，导致建筑行业数字化应用与工程管理脱节，数字化应用对提升管理水平的效果不佳。

乱云飞渡仍从容，风雨无阻更向前。面对阻碍和挑战，转变思维、破解难题，是我们这一代建筑人责无旁贷的历史使命。建筑行业数字化转型有三大抓手：一是实现项目全要素的数字化，将项目各管理环节通过数字化手段进行处理，实现基于数据的筛选、分析与决策，达到精益化管理；二是实现企业管理的集约化，将企业管理和项目管理的数据互联互通，破除数据壁垒，积累企业数据的资产，创造数据协同价值，为企业赋能；三是实现技术创新，坚持示范引领原则和分步实施原则，组建BIM专业团队，建设BIM示范项目，树立标杆，强化企业的学习能力，培养人才，提高企业的BIM竞争力。

数字化转型对企业未来的影响深远。数字化转型会促进企业走专业化发展之路，专业性不够、竞争力不足的企业，劣势会逐渐扩大。同时，数字化转型会推动组织重构及业务模式创新，企业数字平台将作为组织中心，形成网络型组织，优化流程、提升效率。此外，数字化转型与企业文化相辅相成，业务的多专业集成服务、管理的系统化对执行人和团队提出更高要求。

基于对数字化转型深远影响的剖析以及对数字化应用实践的成果，长春建工也确定了"十四五"期间数字化转型规划。一是要拓展大数据平台，赋能企业管理升级，充分发挥BIM、物联网、5G等先进技术的作用，完善集团一体化的大数据云平台，健全产业全链条数据采集分析体系，加强对项目管理过程的数字监控能力，提升企业数字治理水平。二是要继续深化施工现场的数字技术应用水平，通过数字化手段实时获取现场管理的"人、机、料、法、环"数据，进行全面的动态监测、实时预警和综合分析，从而加快组织变革、业务创新和流程再造。三是要打造全产业链条生态互动平台。通过培育集采、劳务、专业分包、金融等资源平台，链接供应链上下游和项目全参与方，打通产业链壁垒，使数据贯通，形成服务化延伸新模式，共享经济新业态，提升企业整体竞争能力。四是要提高研发和实践能力。继续推进产学研一体化，联合院校专家团队、行业专家、内部骨干研究建立与数字化建设相匹配的企业产品标准、施工标准、BIM标准、新型建造工艺工法标准、验收标准等标准体系，为推进数字化转型提供全面的技术支撑，有效提高建造过程的安全性以及建筑的经济性、可靠性。

路漫漫其修远兮，吾将上下而求索。数字经济作为新生业态，是难得的历史机遇。新时代的建筑人必须顺势而为、乘势而上，在数字化的浪潮中奋勇拼搏，合力推动行业加快转型升级的步伐，实现更高质量、更可持续的发展，让"中国建造"响彻全球，为更加美好的人居环境提供中国方案与中国智慧。

数字化转型之下
建设方企业如何重塑核心竞争力

文 / 郭建锋

广联达科技股份有限公司副总裁

数字化浪潮席卷而来，行业、企业、市场、业务和技术的边界都在被重新定义，各行业的领头羊企业开始着眼未来，重新建构业务版图。数字技术与建筑产业这一古老而传统的行业也在加速深度融合，以驱动建筑行业数字化转型。对建设方企业尤其是地产企业而言，开发项目的建设及管理也应借助新力量，实现信息技术与建筑施工管理深度融合，借此提升企业核心竞争力。

数字化　助力房企转型为全能型选手

地产行业这两年发生了很多变化，这种变化表面上看是因为政策变化带来的冲击，比如"三道红线""供地两集中"等政策调控，深层次的原因是整个建筑产业在发生非常深刻的变革。面向未来，建筑产业将体现出以下几个基本特征：在需求侧，体现出个性化和智能化；在供给侧，体现在未来建筑建两遍、工厂和现场的厂场联动、多方之间的诚信化、建造的服务化等。地产行业正在发生变革，在很大程度上因为整个建筑产业的转型投射到了地产行业，导致地产行业的价值链发生转移，房企正从价值链上游往下游延伸和裂变，未来必须关注全价值链创新，改变原来的生存发展逻辑，重新塑造核心竞争力。

在此前的高周转时代，房企更像"特长生"，只要做好前端融资拿地和后端营销，其他环节不出大的偏差，项目就能赚钱。但现在必须成为一个全能型选手，每一个环节都需要做到精细化管控，任何一个环节的偏差都可能导致项目亏损。

面向未来，尤其是在数字化技术正影响、改变着各行各业的当下，如何借助数字化手段赋能房企，帮助房企重塑核心竞争力？我认为可以从三个维度进行思考：第一，提升客户体验；第二，提高运营效率；第三，驱动业务创新。也就是说，要通过数字化技术助力房企实现"企业平台化经营、项目精益化管理、客户精准化运营"。

企业平台化经营，是指房企总部层面要转型成为一个赋能平台。现在很多房企都在做组织变革调整，越来越多的能力沉淀到平台，并在平台上搭建起企业的决策中心、风控中心和资源中心，赋能前端。前端需要成为一个个能够快速响应客户需求和环境变化的敏捷组织，借助总部平台能力，通过持续迭代支撑业务模式创新。

项目精益化管理，要做到"企项一体、甲乙联动、业务前置、数据驱动"。企项一体是指在传统流程管控的基础上，把企业经营和项目运营打通，项目运营为企业经营提供准确可靠的数据，企业经营为项目运营提供及时有效的指导决策，从而提升项目管理的精细化程度；甲乙联动是指打穿甲方和乙方的组织壁垒，通过实现甲乙方业务和数据的联动，提升协同效率；业务前置是指在前期规划和设计阶段就提前考虑采购、建造、销售、运营的需求，减少建造过程调整变更带来的影响和浪费；数据驱动是指基于业务数字化的数据积累，借助大数据和AI的能力支撑企业经营决策准确度和业务运营效率。

客户精准化运营，是指通过全链路的客户触点，全面获取客户需求，并通过搭建柔性化的生产和运营体系，实现千人千面，从而满足客户的个性化需求。VUCA 时代，客户需求在快速发生变化，个性化诉求越来越多，甲方需要能够敏锐地感知客户的差异化需求，才能够做到个性化、人性化和精准化。

基于上述数字化理念，围绕地产项目开发建设全过程，广联达为房企推出了融合"设计管理、成本管理、工程管理"于一体的数字化项目管理解决方案。

"设计管理系统"基于图纸和模型轻量化技术，为房企设计业务部门提供项目计划与协同管理、项目成果与质量管理、面积指标管理、产品标准化管理等数字化模块，从源头提升产品力，助力企业实现精益化设计管理目标。

"成本数据系统"基于清单在线化和成本大数据技术，为房企成本和招采业务部门在成本测算、招标投标、动态成本管控、预结算等过程中提供数据赋能，助力企业实现"算得准、控得住、管得细"的精益化成本管理目标。

"工程管理系统"基于 AIoT 等智慧化技术，通过打通甲方和总包系统边界，实现工程管理的业务和数据联动，为房企工程业务部门在计划、质量、安全等过程中提供管理赋能，助力实现"建得快、品质好、生产稳"的精益化工程管理目标。

智能建造　房企发展破局之道

在数字化应用持续深入、国家政策大力扶持下，智能建造已经成为建筑行业转型升级的必然方向。地产企业作为链主，具备整合全产业链资源的能力，从这个角度来看，房企也是智能建造的动力之源。

如果从数字化的视角重新审视智能建造，其底层逻辑是由数字世界的虚拟数字模型和物理世界的真实物理模型构成，这就是数字孪生。围绕数字孪生，核心是要构建一个 PDCA 闭环：创建数字模型，物理模型实时数字化，数字模型和物理模型的虚实融合，以及基于虚实融合的数字孪生模型进行模拟、分析和优化，这样构成了支撑智能建造业务发展的底层模型。通过 BIM 和模拟仿真、物联网、VR、AR、AI、大数据等，构成未来搭建支撑智能建造业务场景创新的数字孪生模型，这是数字孪生的底层之道。

数字孪生最终还是要回到业务场景才能支撑业务价值的实现。智能建造不仅是对现有业务场景的局部改进和提升，更重要的是业务场景的创新，如基于业务前置的正向设计、基于客户需求的柔性建造、基于数字调度的工厂和现场工业化、基于虚拟现实的场景化营销、基于智能物联网的智慧化运维等。在这个模型支撑下，我们能做到很多在传统的信息化系统里面所实现不了的场景，它带来的价值和用户体验自然也会提高。

对大部分房企而言，智慧工地是切入智能建造的重要抓手。智慧工地的本质是对"人、机、料、法、环"等生产要素的数字化，在此基础上，通过把智慧工地融入计划、品控、安全、成本等业务场景，通过实现 PDCA 三方的价值，实现基于数据为整个企业的管理和决策提供支撑。

开放生态　搭建数字建筑产业平台

建筑产业数字化转型需要行业洞见和数字化技术的深度融合，其本质是产业互联网。需要注意的是，产业互联网与消费互联网有很大区别，消费互联网企业把自己打造成核心，并且对消费者业务的认知是更加直接的；产业互联网则是业务和技术的深度融合，需要很深的行业洞见，产业外企业很难在短时间内做到深度掌握。

另外，产业互联网的发展还依赖于行业的标准化和行业知识的沉淀。以贝壳网为例，其平台模式的成功，在很大程度上取决于通过 ACN 中介协同网络完成了中介行业的标准化重构，并通过楼盘字典完成行业知识的沉淀。目前，整个建筑产业还处于工业化前期，缺乏行业标准和行业知识的沉淀，因此，建筑产业数字化转型过程需要工业化和数字化两条腿一起走路。这个过程无法依靠单家企业独立完成，只有和行业伙伴一起，通过深度融入行业，才能一步步地推动各个子行业走向产业化、数字化。

作为数字建筑平台服务商，广联达希望通过搭建数字建筑产业平台，让每一个工程项目成功，让每一位建筑人有成就。这个产业平台是一个开放的平台，为行业上下游企业提供数字化环境，能够在平台上共同发展。我们理解未来商业文明不存在生态的中心，而是生态和生态之间的网状结构。在这个产业生态里，广联达只是这个网状生态结构中的一环，我们有我们的站位，伙伴们也有伙伴们的站位。

在构建数字建筑产业平台的过程中，BIM软件生态是其中的重要一环。广联达在十多年前就已经开始储备BIM关键技术，在最底层的图形引擎等领域已经有十多年的技术沉淀。目前广联达的大部分BIM产品都基于自主的图形技术。同时，通过BIMFACE轻量化引擎将BIM能力向行业开放，赋能BIM生态，现在平台上已经有上千个注册开发者。除此之外，围绕云计算、大数据、人工智能、物联网等数字化关键技术，广联达也有大量的资源投入和技术储备。

围绕工程项目的全参与方，广联达将持续推动数字技术与建筑产业的深度融合，助力建筑行业数字化转型成功。

工程安全管理的数字化之路

文 / 刘国彬

同济大学土木工程学院
地下建筑与工程系教授

工程建设行业属于传统高危行业,其行业的特殊性和安全问题的复杂性,使其形势不容乐观。新发展阶段、发展理念和发展格局又对安全生产工作提出了更高要求,可以说现在的安全生产工作还处于爬坡期、过坎期。近年来,数字技术的加速发展和创新应用,使这一传统难题的高效解决成为可能。

工程建设安全管理难点

工程建设行业的安全管理有其特殊性,这是由行业本身特点决定的。工程建设行业的特点是业主以合同为纽带,将勘察、设计、施工、监理、监测、检测、服务等不同职能参与单位联合在一起,共同完成工程项目的建设工作,业主与各参与方一般没有隶属关系,约束力比较弱。在这种约束力条件下,必然会产生一系列问题。同时,工程建设项目各参与方的目标和利益各不相同,难以统一协调；各参与方均有自身的安全管理职责，由于缺乏统一认可的理论支撑，难以系统性地统筹规划和管理；涉及的细分领域多，如房屋建筑、城市轨道交通、铁路、水利、航空等，规模大、技术复杂、难度高、风险大；行业利润低，成本、质量、安全、工期等压力大；现场从业人员来源复杂、能力参差不齐等。以上这些因素导致工程建设安全管理出现四个突出问题。

一是结构性问题，即安全管理的碎片化与安全管理系统性需求之间的矛盾。作为一个临时性松散联合体，项目参与方各有自己的安全职责，现行法律法规也是基于不同参与方的职能所做的规定，但缺乏统一的、符合工程建设特点的安全管理理论指导和统筹、系统化的管理，存在重叠、矛盾和疏漏，任何一个参与方的任何一个环节的疏漏都有可能成为事故的诱因。

二是多目标平衡问题，即多参与方的多目标平衡的矛盾，即安全第一与其他目标优先的矛盾，其中安全费用投入优先与其他目标优先的矛盾是主要矛盾之一。各参与方作为独立法人，都有自身各种利益诉求，不得不权衡各种利害得失，都有很大成本、工期、质量、安全等压力，很难将各参与方的目标都统一到安全第一的法定目标，很难做到按国家规定保证足够的、真实的安全费用投入。

三是能力问题，即安全管理能力与安全管理需求不匹配的矛盾。工程项目的建设过程是设计、施工、监理、监测、咨询等众多参与方的组合，一般情况下，我们假设参与到同一工程项目中的参与方的能力是能够匹配的。实际上很多时候，各参与方的专业能力和经验差距很大，安全管理能力参差不齐，各参与方的组合能力更是千差万别，与工程风险并不匹配。一个只能挑50斤担子的人，让他去挑100斤的东西，肯定挑不起来，这样的话就容易出问题。

四是服务问题，即安全服务碎片化和安全管理系统性需求之间的矛盾。工程建设行业安全管理涉及学科多、技术复杂、难度高、专业性强，需要专业的第三方服务企业协助支持。安全服务方的作用是支撑各参与方更好地提升安全管理能力，保障工程建设项目的安全。同一工程建设项目的不同参与方通常由不同的服务方提供服务，由于缺乏统一认可的安全管理理念，缺乏统筹协调管理，各服务方分别为各参与方提供独立的服务，各自为政，安全服务碎片化，对同一工程项目无法形成有效的合力，对保障工程安全所起到的作用非常有限。

以上这些问题的客观存在，如果采用常规模式来解决，协调难度大、管理成本高、效率低、效果差，难以很好地解决安全生产和安全服务相关的问题。在数字时代，物联网、大数据、云计算、人工智能等各种数字技术的不断涌现，为工程建设安全行业数字化转型奠定了坚实的技术基础；数字技术的优势，提供了解决传统行业问题的可能性和支撑条件，使工程建设行业安全问题的高效解决成为可能。

数字安全是大势所趋

云计算、大数据、物联网、人工智能等新一代数字技术，驱动着数字经济飞速发展，从根本上改变了经济发展方式，改造甚至颠覆了传统的商业模式和运营模式，数字化转型已经成为传统行业首要且不可回避的命题。数字技术的优势为解决传统工程安全行业难题带来了重要机遇，工程建设安全行业的数字化变革将是未来发展趋势。

数字安全即以"让每一个工程项目安全"为目标，以"人本工程安全理论"为基础，以"云大物移智"等数字技术为支撑，重构工程建设安全领域多方"监、管、服"体系，重塑安全服务方的合作关系，通过"三新"（新监督、新管理、新服务）驱动、"三化"（数字化、在线化、智能化）支撑、"三全"（全过程、全要素、全参与方）升级，实现多方（行管方、建设方、建造方、服务方等）变革，促进工程安全行业快速数字化，让工程安全管理不再是一个难题，助力工程建设行业科学发展、安全发展。

作为传统行业，建筑业在未来相当长的时期还是一个劳动密集型产业。劳动密集型产业以人为中心，我们很多时候讲技术，往往忽视了人的特性，人有优势，也有劣势。在"数字安全"解决方案背景下，我们希望从人的角度，用数字技术把人的优势发挥出来，即"点亮人性光辉"，同时借助数字技术弥补人的缺点和不足，约束他，实现从"要我安全"到"我要安全"，共同解决安全问题。传统管理模式更多地从人的行为表象出发，很难得到准确、及时的有效信息，数字化手段可以随时随地通过各种途径得到相关信息，据此进行有效管理，这背后是数字化技术的支撑，使得传统的人的管理转变为数字化的管理。

"三新驱动"中的"新"是相对于"老"而言的，"新"是利用数字化技术，改变传统监督、管理、服务的内涵。比如新监督，其核心是数字治理，即通过数字化技术提升整个行业的管理水平；新管理的核心是数字大脑，通过智能化、数字化的技术实现感知、决策、执行，达到管理目的；新服务即通过数字化技术数字赋能，实现服务资源集约化管理，达到降本增效、提高效率、提升服务效果的目的。

产学研用合力助推数字安全

对工程建设安全领域来讲，产学研用结合是一条非常好的路。高校和科研机构有大量的研究成果，但研究成果转化为生产力的过程很漫长，要解决非常多的细节问题。如果能够把产学研用有效结合起来，一定会形成新的动力、新的合力，产生意想不到的效果，会大大加快工程建设安全数字化转型的探索和实践步伐。

另外，复合型人才的培养也是这个领域需要关注的一个点。工程建设安全管理属于交叉学科，涉及很多专业，比如安全、管理、土木工程、通信、计算机等。目前的做法是每个专业找不同的人才，把这些人才组成一个团队，大家协同工作。这些协同工作，在实际开展过程中会碰到很多问题，大家彼此间不太理解。"隔行如隔山"，你不了解我的专业，我不了解你的专业，协同效率就会大幅度降低。现在，我们有意在这方面做一些工作，比如让土木工程专业的人员学习一些数字化技术，增强他在这方面的了解；对计算机专业的人员做些专业化的培养，让他们能够理解我们这么做的背后原因。如此，大家互相理解后，协同效率就会大幅提高，有些人员既懂专业也懂编程，还懂一些相关技术，他一个人就可以做总体策划，然后分工合作，大大提高效率。

工程建设安全管理问题的解决，在新发展阶段、新技术的加持下，需要新的理论来支撑，有了理论，还要有一套方法，要落地、能操作、能执行，当然也必须有很好的工具。为此，由广联达科技股份有限公司与上海同是科技股份有限公司共同撰写的《数字安全》白皮书的发布正逢其时，白皮书将同是科技的工程安全管理理论、专业经验、专业研究能力与广联达的数字化技术优势结合起来，在目前数字化场景下提供了工程建设安全管理的数字化解决方案。白皮书主要由四个部分组成，对行业难题、问题和关键点进行深入剖析，提出用数字化技术解决在传统模式下难以解决的问题，构建了一整套安全管理的理论、思想和方法以及相应的技术，在此基础上构建了行管方、建设方、建造方、服务方的数字化工程安全管理体系，并提供数字化转型的策略和路径，系统性地解决工程建设安全管理难题，有助于促进工程安全行业快速数字化转型升级，助力工程建设行业安全发展、科学发展。

在未来，希望通过数字化技术重新定义工程安全产业，构建工程安全大脑，能够为我们所感知、决策、执行，产生所需要的效果，用最低的成本，实现零安全事故。更进一步，通过构建行业安全大脑，基于数字化技术提升整个行业的安全管理水平。同时，在数字化技术应用过程中，产生的大量数据又会形成数字经济应用新场景，这些新场景又会形成数字新产业。

随着数字建筑的逐步成熟，建筑业也将逐步从劳动密集型行业转变为技术密集型行业，所有操作通过机器人实现，所有东西已数字化，安全管理理论也必将随之演变进化，工程建设的安全管理在逐步演化中日趋系统、科学，让每一个工程项目安全。

数字孪生与精益建造深度融合
助推建筑产业高质量发展

文/刘 刚

广联达科技股份有限公司副总裁

  数字时代,社会经济发展对建筑业提出了更高的要求,"高质量发展"已经成为"十四五"期间建筑产业发展的主旋律。但建筑业生产方式仍然比较粗放,与高质量发展要求相比还有较大差距,唯有扎实推进数字化变革,打造建筑产业发展的新生产力,构筑数字化转型的新基建,利用建筑产业互联网平台,以建筑企业数字化转型为切入点,方能助力建筑产业在蜕变中走向成功。

锚定大方向:开启建筑产业高质量发展新格局

  以数字化转型促建筑产业高质量发展,这不仅是产业转型升级的内在诉求,也是不断满足人民日益增长对美好生活需求的必然选择,同时还是实现双循环发展、"双碳"战略的重要举措。

  建筑产业的高质量发展本质上是以数字化手段作为有效的支

撑，以新型建筑工业化为核心，以全产业链绿色化为目标的发展新方式，其发展方向是要达到工业级的精细化水平，通过全产业的转型升级，将原有靠大量投资进行的规模化增长模式转变为靠价值创造来驱动发展的新模式。

例如，新冠肺炎疫情所带来的不利影响是短暂的，但建筑企业利润低、管理粗放等问题是长期存在的。疫情后，面对工期延误、成本上升，缺乏核心竞争力的建筑企业生存空间将被进一步压缩。但选择了数字化转型的企业借助数字技术，建筑企业核心能力获得提升，实现提质增效、节本降耗、价值创新，更好地化解不确定性带来的风险，实现转型与升级。这也是建筑产业数字化转型的根本动因。

构筑新动能：打造建筑产业转型升级的新生产力

建筑产业的数字化转型是打造产业数字生产力、重塑数字生产关系的过程。通过作为建筑产业互联网平台的数字建筑平台赋能，形成以新设计、新建造和新运维为代表的新生产力。打造全过程、全要素、全参与方的数字生产线，实现全数字化样品、工业化建造和智慧化运维，持续推动产品创新、业务创新、组织创新，从而应对不确定性风险，进而构建强大的新企业优势，全面提升生产力，赋能建筑企业"多、快、好、省"实现工程项目成功。

通过数字建筑平台，赋能全过程，高效打通设计施工一体化，提质增效。通过数字建筑平台将构建"两条主线"（数字虚拟生产线和物理实体生产线），建立"两个关系"，即先模拟后实建，线上指导线下。实现两个"自动化"：一个是看得见的自动化，即生产设备自动化；另一个是看不见的自动化，即数据流动自动化。完成两次交付过程，即全数字化虚拟交付一遍，再基于数字孪生进行物理实体项目的建造与交付，这样做的目的是提升产业全过程精细化管理的"软实力"和全数字化建造、服务的"硬实力"。最后交付数字虚体和物理实体的两个建筑产品。最大化提质增效，节本降耗，实现让每一个工程项目成功的产业目标。例如：河北建设集团在石家庄市儿童医院项目中，采用数字建筑平台（数字项目集成管理平台）对整个项目进行全局管控，合同工期原定 540 天，实际工期 305 天，缩短工期约 30%、安装专业施工工期缩短 50%，刷新了全国同规模项目建设速度。

江苏南通二建集团在南通市中央创新区医学综合体项目中通过数字项目集成管理平台，减少了由于信息沟通不流畅造成的返工，极大地避免质量通病产生的返工，将施工中的安全隐患消除在萌芽状态，仅返工节省的费用就达到上百万元。

天元建设集团承建的浪潮青岛大数据产业园项目，通过数字项目集成管理平台，实现了进度、生产及成本管理管控，降低材料消耗，节约各项建造成本 590 万元，总工期缩短 45 天。

中建七局总承包有限公司河南分公司承建的瀚海思念城项目，通过数字项目集成管理平台（BIM+智慧工地），实现了施工全过程的数据采集，做到了工程信息集成可视化管理，达成了各参建方的互联互通，起到了辅助项目质量、安全、进度管理，把控项目管理目标的作用。项目已利用该平台排查并排除安全、质量隐患 3000 余个，实施物料验收 1000 余次。同时，在平台上开展设计优化、施工深化、技术交底等工作，提前虚拟建造，模拟施工，提升生产效率。利用平台 BIM 模型，发现各类问题超过 1200 处，加快图纸深化设计效率和质量，预计减少现场返工时间超过 50 天；基于 BIM 模型进行全专业施工图设计成果检测以及管线综合、末端优化约 830 处。

通过数字建筑平台升级全要素，最优化配置生产资料，节本降耗。在数字化时代，数据将成为重要生产要素。通过数字建筑平台，对工程项目"人、机、料、法、环"等各关键要素的数字化，可以实现工程现场的全面感知和实时互联，并与云端的数字虚拟工地相互映射，构建数字孪生的智慧工地。在物理空间中，通过传感器感知+人工采集的方式，收集生产要素过程数据，并将其映射到数字空间进行描述，然后通过数据驱动的人工智能对各生产要素数据进行诊断，发现问题并给出决策建议，利用控制器及数字空间位置的精准定位，完成对物理空间生产要素的智能决策支持。

例如，山东三箭公司通过物料数字化实现效率和效益的双提升。为了解决材料进场就亏、人员精力有限，以及项目多、管控难等问题，引领、监督、服务项目，堵塞管理漏洞，山东三箭公司决定在优化管理的同时，借助数字化、智能化手段加强物资管理，上线应用智慧物料验收系统。通过管理优化和系统应用相结合，实现物资精细化管理。其中山东三箭公司承建的泰安中南·佳期漫项目，仅混凝土一项就节约成本120万元；作业效率提升80%，有效规避了经验主义"差不多"现象。公司实时掌握现场情况，管理动作和决策更加及时、切合实际。

通过数字建筑平台打通项企一体化，最大化提升效益，提升企业核心竞争力。通过平台横向打通部门间的业务协同、流程互联、数据互通，完成业务与财务数据融合，纵向打通项目部与公司的各级数据，完成项企一体化数据融合。通过数据集中管理，实现基础数据的标准化、规范化管理，建设数据驱动型决策体系，为决策层、管控层、项目层对项目的全面管控提供强有力的支撑，帮助企业实现企业管理集约化、项目管理精益化、现场管理智慧化的管理目标，提高企业的核心竞争力。

例如，陕西建工集团通过数字项目集成管理平台等应用，打造出项企一体化管理新模式，提升了企业对重大项目的管控力度与管控效率，提高了集团生产经营分析与决策水平。

在项目层，陕西建工集团通过数字化项目的打造，实现60多个重点项目上线数字项目集成管理平台（BIM+智慧工地），重点项目覆盖率约60%，3000多个一般项目上线了质量安全巡检系统，让管理层能够实时精准了解项目的重要信息。同时，为了进一步提高对重点项目远程监控的效率和质量，集团还通过平台，利用"数据+视频会议+无人机+AR全景"的组合方式实现了监管"五有"，即"有数据、有图、有画面、有声音、有真相"，提高对重点项目远程监控的效率和质量。

在企业层，陕西建工集团打造数字化企业，多维度立体地展现企业实力。

通过大数据将企业运行的各项数据指标进行图形化展现，根据不同业务板块构建了综合、经营、生产等六个舱体，把分散于各处的数据进行集中采集、分析、整理、展现。同时，根据不同集团的业务特点，设计了一套包含100多项具有企业特色指标的核心指标体系，反映项目和企业的运营管理情况，实现集团集约化、精细化管控。

明确大路径：找准建筑产业数字化转型的切入点

建筑企业是建筑产业发展的核心主体，企业的数字化转型直接决定着产业转型的成败。传统建筑企业只有积极拥抱数字化转型，与数字技术深度融合，才能实现精益管理、精准决策、集约化经营，完成作业流程数字化、项目管理系统化、企业决策智能化。建筑企业数字化转型的根本目的就是通过数字化手段，提升资源配置效率，赋能建筑企业提升项目管理能力，实现企业经营集约化，增强企业核心能力。

从项目切入，从岗位入手找准切入点。工程项目是建筑产业最重要的业务原点，也是各参与方互相协作的载体，工程项目数字化转型直接影响着企业转型的效果。岗位是项目最小生产单元，也是数字技术最有力的融合点，直接促进生产力的提升。企业转型需要以工程项目作为转型切入点，从岗位数字化入手，最大化发挥协同作用，快速取得转型成效，保障整个企业的数字化转型进程。

点→线→面→体找好转型路径。进行岗位作业层的数字化，提升各岗位作业层的效率和质量；将生产、商务、技术等工程项目管理各条"线"数字化，实现项目的精益管理；将企业层的业务流、信息流、资金流等分别打通，优化产业链的资源配置，实现企业的集约化经营；通过企业生态数字化，实现共赢发展。

把握大节奏：明确建筑产业数字化转型路径

建筑产业的数字化转型是以价值驱动为导向，以项目为核心的业务数字化、数字业务化和业务平台化。

第一步，业务数字化，重塑管理。通过业务数字化，用数据驱动业务流程，实现业务模式的优化与创新，提升企业生产能力，引发企业效率革命，最终完成对人力的解放。通过数字业务化，赋能企业从"经验决策"向"数据+算法"的智能决策转变，降低决策风险，提高决策效率，最终实现对脑力的增强。

业务数字化围绕着业务的解构和重构，形成数据驱动的业务模式，利用数字技术不断扩展业务边界，使业务可量化、可视化、可优化，借助数据价值挖掘，实现业务模式的创新，提升业务成效。

第二步，数字业务化，重塑价值。数字业务化在业务数字化的基础上"用数据说话、用数据决策"，提高经营决策水平。通过数字业务化将项目实施过程中的各种数据实时汇集到企业管理层，管理层基于数据进行决策。用数据赋能决策，实现企业资源配置及经营决策能力升级。

第三步，业务平台化，重塑生态。数字变革时代，任何企业不可能满足所有客户的应用需求，未来，企业也必将面临T形选择。所谓T形选择，即要么横向在某一价值链整合发展为产业平台，建立生态，要么纵向在某一细分领域把核心能力做深、做精、做透，融入一个产业生态里，打造不可替代的专业能力，进而形成一个个"平台+生态圈"的产业组织生态。

我们坚信数字化将让建筑产业的未来更加美好。期望政产学研各界共同挑起产业创新发展的重担，以数字建筑平台构筑产业数字化转型新基建，以新基建助力行业新发展，以新发展铸就建筑产业新辉煌。

建筑企业数字化转型路径探究

文 / 宁海龙

中咨海外咨询有限公司城市化总工程师

当今世界正经历百年未有之大变局,科技革命和产业变革日新月异,大数据、云计算、人工智能、物联网等数字技术的深化应用,深刻改变着人类生产生活方式,对经济社会发展、人类文明进程影响深远。当前,数字经济已成为全球经济增长的核心动力,数字化革新与管理变革成为未来企业发展的必经之路。传统的信息交互、组织沟通模式已暴露出诸多低效、迟缓等弊端,随着数字化浪潮的到来,追求高效、敏捷的数字化转型是建筑企业发展的必然选择。

推动建筑企业转型升级的必要性

对标发达国家建筑企业,国内大部分建筑企业在管理体制、经营机制、数字化建设及核心竞争力等方面,与美国、日本、法国等发达国家建筑企业还存在较大差距。

从自身发展看，建筑企业产权结构单一，国有股份比重大，受限于体制机制的约束，现代企业制度不完善，市场意识不够，竞争意识较差，缺乏积极性和主动性。

从市场规模看，建筑业总产值虽然持续增长，但增速连续两年下降，2019年建筑业总产值增速5.68%，相比2017年、2018年分别降低了4.85、4.20个百分点。国家基础设施建设增长速度趋于平稳发展状态，工程建设规模面临收缩趋势，建筑市场将没有明显增量的竞争。因此，依托数字技术手段推动企业转型升级，深化企业改革，提升核心竞争力，拓展新兴市场和海外市场将是建筑企业未来重点发展方向，也是必然选择。

近年来，建筑业在政府监管、招投标管理、工程组织方式、建筑用工制度等方面进行了改革与创新，尤其是BIM技术的应用及装配式建筑的发展极大地提升了建筑业现代化水平。但同时，建筑业还面临盈利能力低、运营效率低、信息化率低、环境污染、核心竞争力不强、改革力度不够、创新能力不足等问题，建筑业的转型升级迫在眉睫。鉴于此，建筑企业唯有将数字化作为一种手段和思维方式，深化改革，建立现代化企业制度，提升精细化管理水平，创新商业模式，推动数字化转型升级，从而实现建筑业高质量可持续发展。

基于数字技术的建筑企业转型路径

2020年3月23日，国务院新闻办公室就深化"放管服"改革、推进"互联网+"行动、促进"双创"支持扩大就业有关情况举行发布会。发展改革委高技术司司长伍浩表示，世界经济数字化转型是一个大命题，也是一个大趋势，各行业各领域数字化转型步伐将大大加快。发展改革委要按照问题导向、目标导向、结果导向，搭平台降门槛、优服务强支持、聚合力建生态，解决不会转、不能转、不敢转的问题。建筑业企业要实现敢转、会转、能转，必须提高站位，坚信转型的价值远大于成本；加强顶层设计，提前谋划，科学制定转型升级战略规划；学会"做减法"，奏响差异化、专业化建筑业转型三部曲。

加强调查研究，营造想转、敢转氛围。加强组织文化建设，深化企业改革，加快现代企业制度建设，构建高端数字人才培养体系，营造适合转型升级的发展环境，吹响企业转型的变奏曲。

做好顶层设计，创造能转、会转条件。构建"一体两翼多点支撑"战略布局体系，科学制定数字化转型规划，形成战略规划引领、创新平台赋能、产业生态落地的数字化转型新格局，吹响企业转型的交响曲。

持续优化迭代，实现转对、转好目标。在数字化时代，信息技术不断地更新迭代，数字化转型需要不断积累和传承。通过加强组织保障、制度保障及数字创新，不断优化迭代，吹响企业转型的协奏曲，通过数字化转型，推动建筑产业数字物理空间深度融合、可持续发展，数字化建设将成为实现企业高质量发展的新引擎。

基于数字技术的建筑企业转型规划

数字化转型有三个维度：一是组织文化维度，即意识空间维度；二是工程生产维度，即物理空间维度；三是价值链维度，即数字空间维度。在转型规划实施策略上，首先要自上而下树立数字化转型理念，将数字化创新作为企业文化建设的重要组成部分，统一思想，凝聚共识。强化顶层设计，明确转型升级的发展目标及发展方向。其次要自下而上依托BIM、物联网、云计算等数字技术，打造数字建造创新平台，打通数字空间与物理空间，提升工程建设主业的数字化水平。最后要基于区块链、大数据、人工智能等数字技术，推动数字科技和数字金融模式创新，实现意识空间、数字空间、物理空间的深度融合，构建数字产业互联网平台，打造可信建造数字产业新生态。

1. 丰富数字化转型新内涵，吹响转型升级变奏曲

创新数字化转型的新理念新内涵。在数字化时代，数字经济将成为拉动经济增长的重要引擎，建筑企业要摆脱高污染、高能耗、低效率、低品质的传统粗放发展模式，向绿色化、工业化、智能化方向发展，必须依靠数字技

术推动企业转型升级。首先，赋予数字创新文化新内涵，树立想转、敢转的创新意识。将数字创新作为企业文化建设的重要组成部分，明确转型升级发展目标和发展方向，理解转型升级的价值和意义。其次，深刻领会数字转型新理念，数字化转型归根结底就是寻找能适应新生产力发展的生产关系的过程。利用数字化技术手段，改变原有落后的生产方式和管理模式，用数字化驱动产业转型升级。转型之后具备更多探索与应用新材料、新能源以进一步降本增效的可能性，将有更广阔的发展空间及更多的发展机遇。建筑业企业数字化转型技术路径分为两个维度：一个维度是数字建造，即建造产业数字化；另一个维度是建造数字，即建造数字产业化。

创新数字人才培养机制及组织管理模式。建立数字技术人才引、培、用机制，规范数字创新人才的能力素质标准，明确数字技术人才需求，积极引进高端数字人才，着力解决数字创新人才紧缺问题；建立基于能力水平的数字技能人才培养计划，结合工程建设主营业务，提升数字技能人才的专业能力及跨界融合能力，为人才发展指明成长路径；以重点项目为依托，为人才的快速成长提供实践锻炼平台，实现数字技术人才与建筑行业的融合。建立符合数字化转型的组织架构及现代企业制度，加大改革力度，按照标准化、流程化、细节化目标，加快组织管理信息化建设，推动由粗放式管理向精细化管理转型，提升企业管理效能及组织效能，为数字化转型升级提供坚强的组织保障和人才支撑。

2. 构建"一体两翼多点支撑"战略体系，吹响转型升级交响曲

（1）依托数字建造创新平台，打造工程建设主业转型新格局。发展智能化建筑，提升建筑数字化水平。将 BIM、数字孪生、物联网、大数据等数字技术与工程建设深度融合，构建数字建造大数据创新平台，从项目规划、勘察设计、建筑施工、运维管理全生命周期进行数字化转型，全面提升建筑智能化水平。在项目规划设计阶段，通过大数据共享中心，对海量数据进行采集、整理，从项目决策、执行、检查、改进全过程进行数字化模拟。通过智能分析及场景应用，提升项目决策及管理水平；在建筑施工阶段，通过智

慧工地创新云平台，对项目的人员管理、质量管理、安全管理、成本管理、进度管理等业务进行数字化管控，对工程项目人、机、料、法、环五大要素进行全面感知、实时互联，提升智慧工地数字化水平。在运维管理阶段，通过 CIM 数据管理服务平台，由 BIM 到 CIM 技术模式创新，从建筑设计、施工的数字化到建筑空间运维管理的数字化，提升运维管理精细化水平。

发展装配式建筑，提升建筑工业化水平。2019 年，住房城乡建设部批复浙江等六个省份开展钢结构装配式住宅建设试点，并鼓励各地年度土地供应计划中明确一定比例的钢结构建筑用地。装配式建筑是实现建筑工业化的重要途径，数字建造工业化是指工业互联网和建筑工业大数据进行深度融合，依托 BIM、云计算、人工智能等数字技术，打造建筑工业互联网平台，对建筑、结构、水电、装修等专业进行一体化统筹，充分发挥预制装配式建筑的设计标准化、制造机械化特点，用智能制造实现建筑生产制造工业化水平，把数字建造提升到现代工业级精细化水平。在施工阶段，利用无人驾驶技术、机器人提高装配式施工精度和施工效率，节约劳动成本，保障施工安全。同时，BIM+装配式+EPC 的建造模式将引领建筑业走向更高、更快、更好的数字建造新世界，成为新的增长点，为企业创新发展及转型升级创造更大空间。比如，为新冠肺炎疫情防控做出突出贡献的武汉火神山医院、雷神山医院，就是依托模块化设计、全程 BIM 技术辅助施工、装配式施工，确保 10 天内建成，充分体现了装配式建筑的绿色环保、智能高效的特点。

发展节能环保建筑，提升建筑绿色化水平。发展节能环保、低碳绿色建筑已成为践行美丽中国战略的重要举措。将数字技术应用于绿色节能建筑有关的新技术、新材料、新设备，强化整体解决方案应用，构建全生命周期生态绿色建筑产业，已成为共识。在设计方面，构建 BIM+IoT 绿色智能建筑设计平台，从源头提升绿色建筑水平；在施工技术方面，大力发展建筑幕墙绿色节能技术、建筑外保温技术、太阳能环保技术，推广低碳绿色建筑材料的实践应用；在智能运维方面，依托 EBI、FCS 数字控制技术，打造绿色智能楼宇自控集成管理系统，对绿色智能建筑的能耗进行实时监控，推动节能减排，提升使用功能及服务效率，提高绿色建筑的智能化水平。

（2）依托金融科技产业互联网平台，打造可信建造数字产业新生态。在数字化时代，互联网发展的主战场由消费互联网转向产业互联网，建筑企业的竞争已转向供应链竞争。基于服务转型升级数字科技开放创新平台及物联网、区块链可信建造数字金融平台，深入分析建筑行业供应链总成本结构，针对成本弹性空间大的环节进行详细分析和设计，降低绿色供应链总成本，构建"金融＋科技"产业互联网平台，打造可信建造数字产业生态圈。

基于服务转型升级的数字科技开放创新平台。聚焦数字技术科技创新与服务建筑产业转型升级，强化数字科技理论方法与建筑产业实践应用的研究。学会"做加法"，走院企合建、联合重组数字科技转型之路。一是院企合建。利用高校在数字技术方面的科研优势和人才资源，建立数字技术创新研究院，重点做好数字科技创新研发、高端数字人才教育培训及交流合作，制定建筑业数字技术标准规范，构建产学研用协同开放创新体系。整合全球人才资源，加快与全球知名科研机构及人才团队合作，加快建造数字产业孵化，推动数字技术成果转化应用。二是联合重组。联合重组的关键是企业有特色的核心技术，注重数字创新能力，提升联合重组价值。首先，横向联合。加强企业之间横向重组，强强联合优势互补，提升核心竞争力；其次，纵向互补。整合建筑产业链上下游企业，不同行业之间因为共同核心要素而实现的跨界联合，纵向互补创新发展；最后，国民融合。积极引导民营企业参与数字化转型，在国家政策的指导下，加快推动国有企业、民营企业联合重组。

基于区块链可信建造数字金融平台。产业数字金融是指在智慧科技的赋能下，实现产业链上一种"去中心化"的全新金融服务模式，它是基于金融、科技、实体产业多方共建的可信生态。一是建造数字产业互联网平台。首先，以绿色建筑材料供应为核心，构建招投标、询比价、采购合同、在线评标、供应商管理等全周期的建造数字产业互联网平台。整合行业及上下游企业上链，避免中间环节，优化资源，降低成本、改进质量、提高效率、提升效益的目的。其次，以产业互联网高端服务为核心，提供建筑设计软件服务、企业管理软件服务、供应链金融服务及检测试验服务，推动传统建筑模式向高端数字建造转型升级。二是建造产业数字金融平台。以企业固定资产及流动资产为核心，以金融科技创新为抓手，打造基于区块链 ABS 可信数字产业投融资平台。依托建造产业数字金融基金，提高资产周转率和使用效率。拓展数字金融投融资平台功能，优化融资／物租赁、贷款与保理／融资等金融服务的风险控制管理，提高服务效率及服务水平。

（3）新兴业务领域多点布局。

①以新基建创新为切入点，推动智能基础设施建设。

一是着重产品创新能力，重点培育基础设施建设能力。据中国民生银行研究院测算，2025 年信息基础设施（5G、工业互联网、物联网、卫星互联网、人工智能、云计算、区块链、数据中心）、融合基础设施（智能交通基础设施、智慧能源基础设施）投资规模将达到 6.5 万亿～8.5 万亿元；"十四五"期间，保守估计新基建累计投资规模将超过 23 万亿元。建筑企业应充分利用行业领域设计、施工、运营一体化优势，整合集团相关资源，提升新基建产品创新能力，打造更多的优质产品，提升新基建产品创新能力。

二是依托高校科研能力，重点培育创新基础设施建设能力。完善"政产学研用"机制，加大与清华、中科院等知名高校及科研机构合作力度，重点培育大数据中心、人工智能等数字技术创新应用能力，积极布局重大科技基础设施、科教基础设施、产业技术创新基础设施建设，预计 2025 年，创新基础设施累计投资规模超过 11 万亿元。

②以智慧产业为切入点，推动新型智慧城市建设。

一是打造智慧园区、物流园区示范工程，构建以智慧园区为载体的城市运营服务新业态。强化数字化、智慧化物流园区与区域产业集聚区融合发展，提升运营管理服务的专业化、数字化水平，助力承运区域经济价值链升级，构建物流园区新商业模式，打造建筑业新产业支柱。

二是打造智慧文旅、智慧小镇示范工程，构建智慧城市产业新生态。由智慧城市的单一建设者向咨询、设计、建设、运营全周期的综合服务商转型，拓展新型智慧城市建设领域，在智慧文旅、智慧康养、智慧教育等领域布局，逐步将城建打造成新型智慧城市全产业综合服务商。

3. 持续优化迭代，吹响转型升级协奏曲

（1）加强组织保障，发挥规划引领作用。成立转型领导小组，由主要领导亲自挂帅，党组成员及部门负责人各司其职，全员参与，形成统筹推进、同频共振、上下一盘棋的转型工作格局。充分发挥战略转型规划引领作用，分级分类制定转型实施方案，制定规划落地实施的各项举措，聚焦重点工程，搭建转型平台，确保数字化转型在正确的方向有序推进。

（2）加强制度建设，发挥绩效保障作用。建立健全企业数字化转型扶持政策。一是建立健全人才政策体系。建立数字人才定向培养、激励及引进机制。打造覆盖全球的数字专业人才供需信息平台，拓宽人才引进渠道。二是建立绩效考核机制，强化绩效激励机制和惩罚约束机制，完善绩效考核评价体系。不断完善数字化转型基础制度建设，为推动转型提供坚强的制度保障。

（3）加强数字创新，发挥科技推动作用。在数字化时代，知识技术不断更新迭代，数字技术需要不断创新突破，才能满足企业数字化转型需要。一是融合创新，实现数字技术与建筑技术深度融合，构建协同发展新生态。二是核心技术创新，在BIM、区块链等关键技术及软硬件建设方面实现突破，提升核心竞争力。三是构建数字科技创新平台，打造数字创新及转型升级的新引擎，充分发挥数字科技支撑推动作用。

数字化转型是一个系统工程，需要不断深入和演进、不断优化和迭代，建筑业企业应以编制"十四五"中长期发展规划为抓手，以数字化创新为主线，结合实际，全局谋划，发现价值，明确路径，科学制定转型升级战略规划。数字化转型应分级分类、分周期推进，不断优化迭代，确保数字化转型按正确的轨道推进，行稳致远直达胜利彼岸。

BIM+ 智慧工地"所见即所得"
推动施工现场大步迈进"智慧时代"

文 / 冯俊国

广联达科技股份有限公司助理总裁
数字项目产品线总经理

  数字化发展正成为新趋势,将深刻变革产业经济生态。以数字化转型为契机,推动建筑业高质量发展已经成为产业共识。聚焦工程项目成功,利用数字技术支撑现场数据采集与管理,支撑决策,实现数据资产的持续积累。BIM+ 智慧工地以模型为载体实现跨业务数据关联与集成,构筑项目大脑,打通企业数字化的最后一公里,真正让技术驱动管理、让管理产生价值、让价值催生改变,推动传统建筑业华丽转身,助力产业更高质量、更可持续、更加安全地发展。

BIM+ 智慧工地打通企业数字化最后一公里

  建筑业是国民经济的支柱产业,多年来始终保持高速发展态势,为推动国民经济发展和社会大局稳定做出重要贡献。但长久以来，建筑业一直贴着"粗放式"标签。特别是近年来，伴随着人口红利消失、国家生态战略对绿色发展要求提高，建筑业正面临着前所未有的挑战。

数字化转型，势在必行，是机遇也是挑战。在项目建设过程中，施工企业普遍面临两大难题：一是企业和项目难打通，信息不透明、数据不及时，导致企业项目管理无从下手；二是技术和管理难结合，专业分类多而杂，技术和管理两张皮，难以精细化。

数字化的潮流不可阻挡，建筑业的数字化转型缓慢而剧烈。当下，各施工企业在深刻认识到数字化转型的重大意义后，在极力推动数字化，向数字化要质量、要效率、要效益。把信息技术和智能设备结合起来的BIM+智慧工地提供了基于数字技术的解决方案，为推动行业数字化发展探索可行之路。

对于施工企业而言，一套专业、完整、可落地的BIM+智慧工地，既可以提高施工效率，又能降低施工成本，还可以打破原来封闭固化的行业生态，数字化会影响整个价值链条，是价值链重塑的过程，企业要抓住这一机遇，在新的业态下构建企业核心竞争力，占据价值链的重要位置，支撑企业更好更快地发展。

作为实现项企一体的关键一环，BIM+智慧工地打通了企业数字化的最后一公里，满足了数字时代企业对项目管理的需求。让数据驱动管理，让管理产生价值，让价值催生改变。目前，很多建设项目已经用BIM+智慧工地开展日常的数字化管控。通过劳务系统进行劳务实名制管理、工资结算；通过生产、质量、安全管理系统进行精细化管理；通过项目BI进行精准定位项目风险、问题追根溯源；智能推送建议解决方案、开数字例会等。BIM+智慧工地，可谓遍地生花。

在重庆大江建设工程集团有限公司，每月通过智慧工地平台进行工作通报，以电脑、手机等方式登录系统了解施工现场情况，包括进度、质量、安全、劳务力、物料等。山东瑞森通过各项目部的监控视频，监督项目现场不安全行为；通过标准化施工任务包的制定，实现现场施工进度精细化管理；通过智能水电表实现现场用水用电远程抄表，对异常使用情况进行分析监控。陕建集团与施工现场远程召开指挥调度会，通过智慧工地的无人机等视频画面、结合 BI 数据，实施项目管理。大型央企已经将智慧工地建设推进到数据治理阶段，针对业务需要制定企业数据标准，积累数据资产，持续提升企业管理，促进企业高质量发展。

数字技术日新月异、加速迭代，在数字模拟世界中查看未来的施工现场，让虚拟建筑帮助实体建筑查漏补缺，BIM+ 智慧工地正在实现"所见即所得"。

BIM+ 智慧工地 3.0 助力生产有序　安全可控　成本最优

回溯往昔，BIM+ 智慧工地从 1.0 版本到 2.0 版本，再到 3.0 版本的背后，是数字技术与行业实践深度融合孜孜不倦的探索。

广联达是 BIM+ 智慧工地价值主张实践的先行者。结合建筑企业数字化的发展阶段，对智慧工地的研究经历了三个阶段：BIM+ 智慧工地 1.0 阶段，聚焦"在线化"；BIM+ 智慧工地 2.0 阶段，聚焦"数字化"；BIM+ 智慧工地 3.0 阶段，聚焦"智能化"。

智慧工地 1.0 阶段是单岗位应用，区别于项目管理系统，智慧工地提供了不用填报、自动采集数据的模式，例如劳务闸机、视频监控等，实现了单点应用。

智慧工地 2.0 阶段是数据融合，基于统一平台将施工现场的软件、智能硬件数据连接到一起，综合分析，BIM+ 智慧工地应运而生。这一阶段，施工企业更容易了解项目的实际情况，施工企业积累了大量数据。

智慧工地 3.0 阶段是数据应用和项企融合，数据应用维度运用 2.0 阶段积累的数据，进行精准分析、智能决策、科学评价。项企融合是数字化转型的关键一环，也是 BIM+ 智慧工地的核心诉求。

总体而言，BIM+ 智慧工地 3.0 主要利用 IoT、BIM、大数据、AI 等核心技术，实时采集现场数据，自动分析建模，精准分析、智能决策、科学评价，形成一套数据驱动的新型管理模式，为施工企业提供生产提效、安全可控、成本节约的项目企业一体化解决方案。

区别于 1.0 阶段和 2.0 阶段，3.0 阶段主要在于价值落实。通过 1.0 阶段和 2.0 阶段的技术探索、数据采集，3.0 阶段更侧重于数据应用，并形成项企融合的一体化方案。

广联达已经发布了 BIM+ 智慧工地 3.0 数据决策系统。这一解决方案在行业内得到广泛应用，服务用户项目超过 3 万个。在对其中 180 个项目的调研中发现，BIM+ 智慧工地 3.0 使项目工期缩短 5%～10%，安全问题发现率提升 30%～40%，整改率提升 10%～20%，成本节约 2%～5%。

在技术的驱动下，广联达并未停下创新的脚步，继续加大研发投入，持续构建独立自主核心平台优势。通过物联网和边缘计算技术，筑联平台接入现场百种设备，搭建工业级物联网云平台；通过 BIM 技术，让模型触手可及，搭建自主知识产权的图形平台；通过人工智能技术，聚焦建筑领域，提高知识、影像信息智能化；通过大数据和数据分析技术，对数据资产化、科学分析预测，提供建筑行业大数据解决方案。

此外，广联达智慧工地企业版也即将面世，助力企业通过智慧工地管理生产与安全，令人期待。

构建合作共赢的数字化生态体系

在行业摸爬滚打多年，广联达深刻地认识到，建筑企业数字化转型，不是某一个参与者的任务，必须联合各专业的合作伙伴，构建企业数字化生态体系，才能最大限度地规避弯路，应对变革中的痛点。

从广联达 BIM+ 智慧工地 3.0 数据决策系统可见其对理念的实践。该系统目前在硬件方面已经接入 80 多种品类、200 多个厂商的硬件；软件方面，集成广联达软件 20 余种、行业内软件 60 余种；品控方面，搭建完成了数据认证、质量认证、服务认证三大认证体系。

数模联动、虚实结合、一模多用、沉浸式漫游、问题追溯、语音交互、智能问答、机器学习、行业大数据、智慧AI……这些看起来遥远的科技词汇，如今都在系统中变成现实。特别是被誉为工地现场黑科技的智能硬件大部分是专业厂商的拳头产品。广联达充分利用当前市场上品类众多、功能各异的智能硬件，推动其融入BIM+智慧工地3.0系统，在项目建造中发挥更大价值。

正所谓集众智可定良策，合众力必兴伟业。伴随着数字化转型的逐渐深入，产业边界逐渐模糊，只有通过生态圈成员的密切合作，才能真正为客户创造价值，构建合作企业共赢的生态优势。

广联达坚持走强强联合的道路，在智慧工地探索过程中，相继与海康威视、华为等行业巨头建立生态合作伙伴关系。充分发挥海康威视在机器视觉方向的研发优势，结合广联达在建筑业的业务优势，基于"一张图做管理"的行业诉求，深度打磨可视化管理的解决方案和创新产品。联合华为Atlas500，深化边缘计算能力，为智能硬件提供稳定算力；与华为共同发布AI蜂鸟盒子，通过AI算法，将现场视觉与本地网络实时挂接，安全隐患自动抓拍留痕；"小智"AI机器人智能广播及语音交互，更成为工地现场的一道科技、新奇的风景。

专业的事交给专业的人。广联达聚焦面向客户的一站式解决方案，2021年年初，发布了智慧工地生态体系2.0。该生态体系是领先的一站式智能硬件产品平台，以"专注务实、品质优先、价值共享"为核心理念，链接供需双方。

好的管理方式和解决方案，能够真正实现生产要素、资源配置的协同。好的数字化管理方案，则能够持续帮助管理者科学决策，推动有效管理。BIM+智慧工地的价值主张短短几年间已经发展成为行业主流模式，推动着施工现场进入"智慧时代"。

可以预见，在未来行业数字化转型的历史进程中，伴随着新技术落地应用，BIM+智慧工地必将加速推动企业实现质量变革、效率变革、动力变革，助力每一个项目成功。

构筑数字城市新基建
推动城市治理"像绣花一样"

文/冯朝明

广联达科技股份有限公司
数字城市首席专家

改革开放四十多年，中国经历了世界历史上规模最大、速度最快的城镇化进程。根据第七次全国人口普查数据，2020年我国常住人口城镇化率已达到63.89%，城区常住人口1000万以上的超大城市有7座，500万～1000万的特大城市有14座。城市正在成为越来越多中国人生活的港湾。近年来，以大数据、云计算、区块链、人工智能、物联网为代表的数字科技日新月异，给社会发展带来深刻变革。关乎国计民生的建筑领域，产业各方正在"数字城市"引领下，积极改变传统粗放式的城市治理模式，用科技创造美好的生活和工作环境，推动城市治理"像绣花一样"。

政策与技术双轮驱动　助推CIM平台建设

习近平总书记在上海考察时强调："城市是人民的城市，人民城市为人民"、"一流城市要有一流治理，要注重在科学化、精细化、智能化上下功夫。既要善于运用现代科技手段实现智能化，又要通过绣花般的细心、耐心、巧心提高精细化水平，绣出城市的品质品牌"。

城市治理千头万绪，不仅是国家治理体系和治理能力现代化的重要内容，更承载着人民群众对美好生活的期盼。未来，中国的城镇化进程还将进一步推进。关于"要像绣花一样治理城市"的重要论述，不仅在行业内外引发热议和深思，更为未来城市的规划、建设、治理指明了方向。

近年来，伴随着数字技术的飞速发展与落地应用，国家一系列政策陆续出台，为数字城市建设夯基垒台、立柱架梁，城市转型大幕拉开。

2019年10月，十九届四中全会提出"推进国家治理体系和治理能力现代化"。2020年，政府工作报告提出"加强新型基础设施建设，发展新一代信息网络，拓展5G应用，建设数据中心，增加充电桩、换电站等设施，推广新能源汽车，激发新消费需求、助力产业升级"。国家发展改革委将"完善城市数字化管理平台和感知系统，打通社区末端、织密数据网格，整合卫生健康、公共安全、应急管理、交通运输等领域信息系统和数据资源"写入《2020年新型城镇化建设和城乡融合发展重点任务》。"十四五"规划和2035年远景目标也将发展数字经济、加强数字社会和数字政府建设作为重要内容。可以看到，数字城市是国家意志，更是国家战略。

打造未来美好城市，CIM是关键。自2018年起，国家相关部委陆续印发多个文件推进CIM平台建设，包括《住房和城乡建设部 工业和信息化部 中央网信办关于开展城市信息模型（CIM）基础平台建设的指导意见》（建科〔2020〕59号）、《住房和城乡建设部 中央网信办 科技部 工业和信息化部 人力资源社会保障部 商务部 银保监会关于加快推进新型城市基础设施建设的指导意见》（建改发〔2020〕73号）等系列重要文件。同时，广州、厦门、南京、雄安新区、北京城市副中心先后被列为CIM试点城市，进一步推动了数字城市向前迈出坚实的一步。

作为数字城市的新基建，CIM融合GIS（城市基础地理信息）、BIM（城市单体建筑模型）和 IoT（城市物联感知）构筑 CIM 平台，建设智慧城市时空底板，承载城市规模的海量信息。同时，CIM 和大数据（城市感知数据、专题数据、公众数据等）、云计算、人工智能等技术结合，支撑"新城建"试点多场景智慧应用。CIM 平台有多项要素必不可少：一是各系统间互联互通，数据共享；二是基于城市三维空间的数字底板，叠加一系列城市应用；三是建立统一平台和数据标准，规范技术应用；四是推进 BIM 技术与 CIM 技术的衔接、融合。

构建新型 CIM 体系是未来数字城市治理的关键

近年来，"数字孪生"成为行业热词。数字孪生是综合运用物理模型、传感器更新、运行历史等数据，集成多学科、多物理量、多尺度、多概率的仿真过程，在虚拟空间中完成映射，从而反映相对应的实体装备的全生命周期过程。作为一种超越现实的概念，数字孪生在产品设计、产品制造、医学分析、工程建设等领域应用较多。

建筑产业将数字孪生的概念应用于未来城市建设，提出"数字孪生城市"。"数字孪生城市"就是物理维度上的实体城市和信息维度上的虚拟城市同生共存、虚实交融的城市发展格局。通过城市的模拟、监控、诊断、预测和控制，解决城市"规建管"中的复杂性和不确定性问题，全面提高城市资源配置效率和运转状态。

打造数字孪生体、提升城市治理精细化水平，已经成为未来城市建设发展的新思路，但基于 CIM 的数字孪生城市仍面临多重挑战。

从业务角度看，当前城市人口急剧增长，机动车保有量呈现井喷式增长，城市交通拥堵现象日益严重；城市大气污染、垃圾围城等生态环境问题严重；市民"跑断腿、办事难"的现象普遍存在……传统的城镇化建设模式已不适应当前城市发展的要求，这些问题在不利因素多重叠加时就会凸显，严重制约经济社会发展和人民生活水平提升。2010 年，武汉发生新冠肺炎疫情封城期间就出现许多城市管理问题，今年郑州也没有经得起汛情的考验。可见，即便是在城镇化程度较高、基础设施更完善的大中城市，城市治理依然存在诸多问题，面临许多困难。

从平台建设视角看，数字孪生城市建设也面临"三难""三缺"的困难。"三难"是指 BIM+GIS 不等于 CIM，不等于数字孪生，CIM 平台建设难；空间模型精准构建、高效更新难；城市多源异构应用数据融合使用难。"三缺"是指缺少实用的数据、业务应用标准配套；缺少成熟的自主产权 CIM 平台；缺少开放应用集成平台加速业务更新。

多年来，建筑行业由于缺少自主知识产权的技术产品，向国外支付了大量专利费。近年来，行业开始着手解决"卡脖子"的问题，不少企业脱颖而出。如广联达一直致力于研发与 3DGIS 和 BIM 技术相关的产品，目前已有不少自主知识产权的技术产品应用于数字城市建设的各个业务场景，实现了基于 CIM 的数字孪生城市的技术融合。

艰难方显勇毅，磨砺始得玉成。破解数字城市发展难题，是建筑产业转型发展必须啃下来的硬骨头。在数字化进程中，构建新型 CIM 体系是关键举措。依托融合了 BIM、3DGIS、IoT 等技术的 CIM 平台，通过业务互联、数据融合、技术集成，实现一网通办、一网通管、一网协同，推动城市治理数字化、在线化、智能化，可以达到"优政""惠民""兴业"的未来城市发展目标。

基于 CIM 平台实现"规建管服"一体化

目前，全国不少城市正在积极探索推动数字城市建设，着力构建数字城市空间基础设施，通过对城市全时空信息的数字化表达，支撑城市"规建管"、交通出行、民生服务、政府治理等垂直应用场景，服务智慧社会创新发展。可以说，高起点规划、高标准建设、精细化治理正成为未来城市建设发展的新方向。

每个城市各有特色，数字城市建设同样不能"一刀切"，应该从战略角度出发，首先明确本城市数字孪生的愿景与定位，然后根据数字孪生城市特点选择本城市建设方向并明确建设的亮点和内容。如某旅游城市，政府部门期望基于数字孪生实现城市环境的实时、动态、直观、全方位监控和治理，未来愿景就是以 CIM 技术为支撑，实现"数智生态秀美之城"的数字孪生城市愿景。

明确了数字城市远景与定位之后，就需要通过 CIM 数字孪生城市相关技术实现城市全方位、全融合、全连接、全过程的三维模拟仿真，从而驱动城市全域数字化转型的一体化技术集成、数据融合、业务协作。全方位包括融合时间、空间和全部业务、管理数据；全融合指融合政府服务、城市运行感知、市场与社会主体等多源异构数据，统一数据标准；全连接指建立打通技术、数据、业务、平台的接口，横向到边、纵向到底；全过程指用数据驱动城市"规建管服"全过程业务创新，沉淀完整的城市大数据资产。

数字城市建设方面，数字建筑平台服务商广联达最早在业内提出"规建管服"一体化建设的理念，得到行业广泛认同。过去城市建设，规划只管规划，建设只管建设，管理只管管理，彼此割裂、缺乏衔接，才导致城市发展到今天出现诸多难以破解的难题。

基于 CIM 平台，数字城市的"规建管服"一体化成为可能。通过 CIM 城市信息模型平台，全面模拟推演城市建设与运行，并持续优化城市规划与建设方案，实现了规划一张图、建设一张网、管理一盘棋、服务一站式。

基于 CIM 的数字城市平台建设当然也并非易事，需要具备多种核心能力。CIM 平台需要能够实现城市级场景 3D 数据承载与表现，多源异构数据集成与跨行业、跨业务数据高度融合，进行大数据分析。因此，需要建立多维度、多类型、全过程的 CIM 多源异构数据的融合数据引擎；突破基于人工智能和自主图形引擎的高精度、空天地室一体化全景空间城市信息模块快速构建技术；实现基于 Web 的高逼真渲染、高性能大场景调度、模型在线编辑、多尺度和多粒度的一体化 CIM 引擎；研制基于业务驱动的低代码快速开发、高效场景组装和应用集成、统一数据共享交换、云中立部署的 CIM 开放集成平台。

数字城市未来大有可为，亦必大有作为

目前，产业各方基于数字城市建设的理念和思路，在实践项目中推动 CIM 从理念走向落地。广联达在项目全生命周期，从方案设计到实施交付，再到平台运营，已经在实际项目运作中积累了丰富经验。其技术服务与产品已经在福州滨海新城、重庆广阳岛、青岛 5G 视频产业园、雄安新区市民服务中心、北京大兴国际机场临空经济区等国内多个重大项目中付诸实践。

福州滨海新城基于 CIM 的"规建管服"一体化平台，实现空间规划一张图、建设监管一张网、城市治理一盘棋，推动了城市"规建管服"创新发展。北京大兴国际机场临空经济区项目通过为空间和产业规划提供辅助决策，提高了临空经济区影响力，带动了招商引资。青岛 CBD 项目基于 CIM 的综合治理平台，有效提高了综合治理预警和快速反应能力，降低了运维成本。青岛 5G 视频产业园项目基于 CIM 平台集成园区照明、视频安防、消防、进出车辆、门禁、灯杆部件、用水用电能耗等智能化系统及产业经济运行等运营数据，实现园区实时互联、集中管理，综合态势实时掌控。雄安新区市民服务中心基于 BIM 的运用能实现全景监测，通过数据分析，实现能源优化……

"未来已来"，数字孪生理念和 CIM 技术在数字城市建设中的应用，是技术演进与需求升级双轮驱动下新型智慧城市建设发展的一种新理念、新途径、新思路，也是重塑城市现代化治理体系和治理能力的重要载体。可以预见，数字孪生城市将为产业带来新的发展动力，一批创新型企业、一批新的独角兽有望如雨后春笋般地涌现。更令人期待的是，未来的城市治理"像绣花一样"，城市中的每一个个体的幸福感、获得感、安全感都将大大增强，这也正是建筑背后的人文精神。

从这个角度看，数字城市未来大有可为，亦必大有作为。

新视点：

推动数字化转型
持续发挥勘察设计行业引领作用

主 持 人：

王 漪　中国勘察设计协会副秘书长

研讨嘉宾：

王树平　中国勘察设计协会副理事长
熊中元　中国建筑西北设计研究院有限公司原董事长
马健飚　苏交科集团股份有限公司副总裁
蒋海峰　浙江华东工程数字技术有限公司董事长
李迅涛　成都基准方中建筑设计有限公司执行董事／总经理
陈国林　嘉博联合设计股份有限公司总工程师
云浪生　广联达科技股份有限公司高级副总裁
王晓军　广联达科技股份有限公司首席业务专家

过去，勘察设计企业依靠外部投资拉动高速发展；未来，国家经济发展的总基调不再是快速扩张，而是健康、可持续的发展，工程勘察设计行业也将进入理性发展的时代。"十四五"期间，如何以全新的视角重新审视、思考发展理念与发展方向，着力推进变革创新，实现转型升级，谋求可持续的绿色发展，是业内人士思考的重要问题。

▶▶▶ 勘察设计行业数字化转型趋势

王 漪： 进入新时代，行业发展环境面临巨大变化，机遇与挑战并存。勘察设计行业如何进一步深化改革？勘察设计企业如何准确识变、科学应变、主动求变？

王树平： 勘察设计行业的深化改革，我谈三点看法：
第一，勘察设计行业要发展，以前是"固本创新"，现在应该是"强本创新"。设计企业本业只有做大做强，才有立足于整个市场的资本。同时，要不断创新，适应当前形势的不断变化。
第二，设计师不仅要描绘美好的蓝图，更应该贡献出高品质、高质量的产品，要树立产品意识。设计师、建筑师不仅要做方案、出施工图，还应该保证能够完成高质量的产品，要将以设计为主导贯穿于整个工程建设的全过程。
第三，当前，随着经济和行业的不断发展，从CAD（计算机辅助设计）到BIM，新技术不断发展，设计单位要尽快融入当前的发展中，应用先进的技术提高自身生产力。新技术的应用对提高设计单位技术水平、设计质量起着关键作用。
因此，希望设计企业不断深化改革，利用新技术。同时，要积极学习、应用数字化技术，提高市场竞争力。

王晓军： 设计和施工的整合，是大势所趋。
第一，数字化的演变。数字化一定离不开数据。中国文化和西方文化有很大差别，中国文化对世界的理解是描述性的，但西方文化是将一切都量化。比如，"尽快回复"和"1个小时回复"得到的结果是不一样的，这就是非数据化管理和数据化管理最大的区别。所以，数字化是在数据的基础上产生的。

第二，设计企业数字化转型，要有五个方面的思考：一是未来的设计不是画出来的，一定是采集数据算出来的，不是人来设计，而是计算机设计；二是不管是BIM设计，还是数字化设计，一定要对产品进行重新定义，从而交付数字化产品；三是人工智能将是人类历史上最伟大的革命之一，它会成为我们的工具；四是未来设计组织模式要靠算法；五是在交付过程中，要选择模型择优法，要通过VDC（虚拟机数据中心），多维度地告诉甲方其风险在哪里。

第三，数字化转型赋能设计企业。通过智能化设计工具实现设计降本增效，未来的手段就是大幅减少设计人员，用机器代替人。

数字化对勘察设计行业意义重大。当一个行业进行数字化转型时，数字化的初始化阶段非常重要，而设计行业是整个工程行业的初始阶段。因此，设计企业作为数字化的源头，责任重大，对行业赋能作用很大。

▶▶▶ 勘察设计行业数字化转型重点

王　漪： 当前，数字化为勘察设计行业带来了很多机会和挑战，尤其是数字化转型，需要企业从组织流程、产品设计到人才储备等方方面面进行变革。请各位嘉宾就"数字化时代下勘察设计企业要如何进行转型升级"发表看法。

李迅涛： 对设计行业来说，数字化转型就是要在实践中体现出更好的设计服务质量、更快的服务响应速度、更高的客户满意度。"客户"包括外部客户和内部客户，最终实现更好的企业效益。

企业数字化转型要注意以下问题:

一是要以客户为中心制定数字化战略,时刻围绕客户的需求出发,重新梳理业务及服务流程,以创造性的、高效的数字化手段帮助客户解决问题。正确构建数据应用场景,也是数字化转型的重要内容。

二是明确数字化转型是"一把手"工程,要当作最优先级的工作来做,搭建数字化转型的领导团队。

三是数字化转型要以结果为导向,讲究成效。在数字化转型过程中,一定要关注数字化管理和设计平台是否匹配当时、当地的设计生产水平,在竞争中是否体现出了更高的绩效。要通过数字化转型、通过创新,以更低的成本输出更有价值的结果,要以数字化创新来降低企业运营过程中的各项成本,提高效率,最终让客户受益、员工受益、企业受益。

四是数字化转型要注重能力建设,要在团队建设上加大投入。同时,积极响应客户的需求,以最短的时间上线产品,以更小的工作负载、更快的反应闭环、更灵活的响应机制、更直接有效的响应结果,给客户提供及时、有效的数字化服务。

五是数字化转型一定要建立一种"低摩擦"的运行方式,建立数字文化,做到真正的转型。要改变领导团队和一线员工的思维方式。领导对数字化转型的认识和员工的认同与积极参与,是推动组织文化变革的关键。

云浪生: 设计行业数字化可以分为三个阶段:一是甩图板,过去以CAD工具为代表的二维设计,从工具端提升了设计效率,让设计师甩掉了图板;二是三维建筑设计,以BIM工具为代表的三维设计提升了设计交付的质量,但也增加了设计负担;三是数字设计,数字设计是以数据驱动的一体化设计,通过各种要素的数字化,将设计变得可计算、可分析、可优化、可自动化。

对设计企业来说,项目是基础,通过协同和工具提升项目的效率显得尤为重要。一体化的项目管理方案，可以实现多项目的高效管理，创造更高的价值。对集团层来说，高效的经营管理和数字资产的沉淀尤为重要。在数字设计的场景下，设计师可以将设计过程中产生的各类知识资源以及业务经营沉淀为完整的知识资产库，通过平台为项目和企业提供知识输入，不断夯实企业数字化基础。

随着数字资产的丰富，企业的能力以数字资产的方式沉淀下来，形成数字设计平台，企业的组织结构、经营理念以及商业模式都会发生变化，整个企业项目运作和管理会围绕数字设计平台开展，最终完成设计企业的数字化转型升级。

▶ ▶ ▶ 数字化发展对勘察设计企业的影响

王　漪： 当前，企业数字化转型升级势在必行，既是顺应时代发展的必然要求，也是企业数字化发展的必经阶段。那么，数字化技术的发展对设计企业有哪些影响？

熊中元： 数字化实际上就是把数据作为关键要素，以价值释放为核心，以赋能为主线的一个转型提升和再造的过程。数字化技术对设计企业的影响主要有五个方面：一数字化是一种工具，比如协同设计；二是数据作为一种重要的生产要素，融入设计产品，让已有的资源数字化，通过计算机识别加以应用；三是交付的设计产品是数字化的产品，比如BIM数字模型；四是再造产业链生产模式。有了数字化的设计，才有智能建造的可能，才能实现智慧运营，从而构成一体化的建设模式，也才能实现从BIM到CIM发展；五是数字化的应用，能为规划设计者提供一个更具前瞻性的可能；从建筑设计角度来说，数字化给建筑师提供了一个更前瞻性的创作空间，让建筑更符合城市建设的规律和城市发展的逻辑。

作为城市规划设计者，要有四个方面的思考：一要站在以科技创新促进城市可持续发展的角度来思考，当前首要的任务就是减少城市的碳排放量；二要站在城市是"以人民为中心"发展思想的角度来思考；三要站在传承城市文化、改变人类文明进程的角度来思考，文化传承会让城市更可亲、可爱；四要站在投资者的角度来思考，充分考虑投资者的利益，让城市充满活力。除了上述角度的思考，还要通过全要素、全生命周期、全产业链、全过程的整体谋划来实现城市的高质量发展。这些都将得益于数字化的应用和发展。

▶▶▶ **勘察设计企业数字化转型模式**

王　漪： 数字化转型是"一把手"工程，勘察设计企业数字化转型升级业务模式的创新，不单是提高生产效率，更是将其作为企业战略来推动。请各位嘉宾结合企业发展实际，谈谈对数字化转型的思考和实践。

陈国林： 当前，数字化设计方向基本以三维和数据为导向，包括人工智能。但行业技术发展和人才素质参差不齐，从二维到三维的过渡会有比较长的时间。嘉博联合设计股份有限公司从 2009 年开始发展企业信息化，并于 2018 年成立子公司——福建嘉业科技发展有限公司，依托子公司的研发力量来实现设计数字化转型，并自主开发了设计管理 OA 系统、二维和三维协同设计系统、设计图纸云审查系统、设计成果云交付系统、设计现场云巡检系统等。企业在数字化转型过程中，无论是业务模式还是产品，很难一蹴而就，不同的企业可以寻找适合自己发展的模式和机会。

马健飚： 设计企业数字化转型大概分为两个方面：管理的数字化转型和业务的数字化转型，这两者不是分离而是融合的。在管理数字化转型方面，苏交科集团股份有限公司主要完成了财务的 ERP（企业资源计划）、项目管理的 PM、营销体系的 CRM（客户关系管理）等。在业务的数字化转型方面，BIM 的应用已经较为成熟。

勘察设计企业如何用好 BIM 推动业务数字化转型？我认为，BIM 不是工具，而是业务数字化转型的载体。首先，通过 BIM 做好业务数字化，使其能够提供给客户数字化的设计产品。在此基础上，把设计端的数据延伸到施工端，再延伸到运维端，结合运维端应用形成数字孪生，通过虚拟控制现实，提前预见并解决设计、施工、运维中出现的问题，形成数字化业务。因此，业务的数字化转型路径如下：以 BIM 为载体，从业务数字化到数字化业务。

蒋海峰： 现阶段，设计企业如何理解"设计"？尤其是在 EPC 模式快速发展之后。什么叫"E"？我认为，E 是"工程之脑"，是工程的链接，再通过数字化的手段让"P"和"C"创造出更多的效益。要通过创新优化成本、提高效益，实现利益共享，就需要大家一起来推动。数字化转型，一要靠业务驱动，需要业务来支撑设计企业转型，二要靠问题驱动，企业本身需要通过数字化来解决问题，这建立在组织转型、理念转型的基础上。

在数字化转型之外，现阶段，很多企业还需要还信息化时代欠下的"账"。数据治理、智能决策等难以实现的原因，都是在源头欠了很多"账"，有的没数据，有的数据太乱，无法采集应用。所以，当务之急是要在企业内部的数据融通、数据管理平台建设上下功夫，这是基础。

小 结

王 漪：数字化不仅是趋势，而且已经成为常态。勘察设计企业要在建筑业高质量发展中继续发挥引领带头作用，数字化转型是必经之路。

当前，勘察设计企业要主动拥抱趋势，重塑竞争力，在未来发展中占领先机。数字化对勘察设计企业的影响是全方位的，企业通过链接数字化带来的改变，会远远超过之前的任何一次改革。改变的机会掌握在每一位企业家手中。

内容来源于《中国建设报》

第三章
大发展 创未来

方略既定，实干为要。认准了方向，就要勇敢去闯。转型的道路必定艰难而曲折，但总有一批敢为天下先的"弄潮儿"和保持创业热情的"拓荒牛"愿意率先"下水游泳"，在长期的探索与实践中，深刻解析数字化转型背后的逻辑与路径，为推动行业进步发展凝聚共识、积累经验。行业也在一点一滴的努力与试错中按下加速键，向着正确的方向起步、奔跑、冲刺。未来，那些与时代共舞、敢为人先的先锋企业必将享受到更多技术赋能所带来的红利，真正在数字化浪潮中打造企业核心竞争力。

"数字化+一体化"激活建企转型升级密码

文/陈文山

云南省建设投资控股集团有限公司
党委书记、董事长

文/杨国文

云南省建设投资控股集团有限公司
副总经理

2021年,面对复杂多变的国内外形势以及全球疫情发展变化的极大不确定性,建筑业企业发展在迎来数字经济、双循环等重大机遇之下,仍面临着诸多困难,但对云南省建设投资控股集团有限公司(以下简称"云南建投")这个曾安身立命于传统建筑施工领域数十年,且一度面临生存困境的老牌国有建筑企业来说,在那年春天里播下的改革创新"种子",如今在这个"秋天"里早已结满一片跨越发展的硕果，在云南大地上绽放芳香。

回望 2016 年，按照省委省政府战略决策，云南建投整合重组挂牌成立。通过连续数年坚持大刀阔斧的深化改革，推动企业数字化转型升级以及"投融建管营"全产业链一体化发展。如今，云南建投营业收入已连续四年超千亿元，企业的总资产、净资产、实现利润、累计上缴国有资本收益以及职工收入等主要指标同比"十二五"末分别增长 1.9～14.8 倍。正如其内部报道中所说："云南建投在奋力推进多领域改革创新所创造的可能性，是空前的。"作为竞争力与战斗力兼具的新型国有建筑企业，在"十四五"新征程新起点上，再次迎来一个崭新的、机遇与挑战并存的跨越发展黄金期。

数字化发展，打开建筑企业创新大门

2021 年 3 月 12 日，国务院国资委《关于发布 2020 年国有企业数字化转型典型案例的通知》公布了全国 100 个典型案例全名单，云南建投物流公司"云上营家"供应链平台榜上有名，成为云南省唯一入选企业。在这一则新闻背后，是近年来云南建投乃至国内建筑行业信息化程度正迅速提升的转型升级"进化史"。

然而获得如此殊荣并没有想象中那么简单。

建筑行业数字化是一个必然进程，但还是遇到一些现实问题：一是建筑业体量很大，要实现所有项目信息化、数字化不太容易；二是从业人员能力参差不齐，全员都具备数字化的素质亦不容易；三是建筑行业属于劳动密集型行业，数字化基础很弱，要将整个行业提升到技术密集型还存在很多困难。

在如此困境之下，云南建投进行了诸多尝试，不断推动产业结构向开放型、创新型和高端化、信息化和绿色化转型。特别是在现代物流与供应链整体优化方面，云南建投打造"云上营家"平台，通过优化供应链生态，在建筑行业的物资供应领域形成了上下游协同，数字化管理，全流程实时管控，保障建筑物资通过"云上营家"的全流程数字化运作。

自"云上营家"运营以来，实现了"像逛淘宝京东一样买建材"的可能，催生出线上线下融合的新业态、新模式，建材采供领域"数据先行"替代了"跑断腿、说破嘴"。在"云上营家"平台，仅动动手指，短时间内就能搞定一个"上千万元"的项目，算上物流运输时间，整个大宗物资采购流程最快一天之内就能完成，第二天物资就能抵达目的地，相应的时间成本比传统线下模式缩短了五六天。

如何利用数据资产是云南建投主要思考的问题。把数据资产运用起来以后，实现质量管理、安全管理、投资控制等数字化，通过管理的精细化推进流程标准化，最后将提升整个建筑行业的数字化水平。

平台稳定运营的直接收益是长时间的数据沉淀和资源积累。通过平台，建投物流公司不仅提升了数据掌控能力，也进一步汇聚了上下游企业物资需求，整合了信息资源。透过数字，实现了钢材等建筑材料市场价格走势的超前分析，提前化解风险；加快上下游企业之间的业务协同；筛选出优质资源厂商和合作客户；及时发现管理漏洞，优化企业内部管控等。平台上下游客户也能根据自己需求，在平台上获取价格优、信誉好的合作伙伴，资源共享，实现互惠共赢。

统计数据显示："云上营家"已注册合格供应商近6000家，采购商7000余家，个人用户3.8万余人，实现交易总额近400亿元，业务覆盖云南和西南地区，以及东南亚、南亚和非洲等19个国家和地区，为建筑行业高质量发展和国家"一带一路"建设做出了积极贡献。

目前，云南建投已将"云上营家"建筑供应链成熟模式横向复制到跨境物流、生鲜冷链、现代家装等新兴业务领域，并逐渐形成了企业新的增长曲线，在数字化转型方面走出了一条具有云南特色的发展之路。

一体化发展，激活跨越发展内生动力

云南建投是由原云南建工集团、十四冶建设集团和西南交建集团于

2016年4月21日整合重组成立的，2020年6月又成功吸收合并云南省水投公司，成功实现组织机构大重组、人员资产大整合、思想文化大融合、生产经营大发展。

云南建投整合重组后，紧紧围绕国家和云南发展战略，不断深化改革，调整产业结构，在实现国有资产保值增值方面进行了有效的探索，走出一条"投资引领、产业支撑、产融双驱、投融建管营"一体化发展之路。云南建投由原来单一的施工类企业，转型升级成为一个集投资、融资、开发、建设和运营为一体的大型建设集团。

一是取得较好的发展成果。"十三五"期间，云南建投总资产由1520亿元增长到6538亿元，净资产由280亿元增长到2124亿元，营业收入由600亿元增长到1505亿元，投资额由300亿元增长到810亿元以上，利润由15亿元增长到40亿元以上。在中国企业500强中的排名，从2016年的298位提升到2021年的157位，跃升141位，成为云南省建设领域及相关产业的国有资本投资运营和建设的龙头企业。

二是取得良好的经济效益。云南建投全面参与全省高速公路、水利开发、高原湖泊治理、乡村振兴、美丽县城建设，累计在建投资项目4000亿元。2020年完成投资额816亿元，今年有望完成投资额1175亿元。在海外投资领域，"十三五"期间，坚持投资与工程总承包双轮驱动，先后在东南亚、南亚等二十多个国家投资建设了130多个项目，实现境外投资超过200亿元，是"十二五"末的12.35倍，打造了云南建投国际品牌。

三是为社会做出巨大贡献，得到社会各界高度认同。从保障房建设、棚户区改造到基础设施建设、生态环境保护治理，云南建投社会影响力、社会认可度、品牌影响力大幅提升，赢得云南省委省政府和人民群众的信任，赢得社会各界的高度认同。

云南建投开创了"建投模式"，全力打造投资金融、工程建设、资本运营、设计科研、协同发展"五大业务板块"，搭建起基础设施投资、城乡建设投资、房地产开发投资、海外投资、新兴产业投资和水利建设投资"六大投融资平台",进一步提升了投融资、工程建设、走出去、综合管控、资源整合"五大竞争能力",形成了"投资引领、产业支撑、产融双驱、投融建管营"一体化发展格局。主要有以下几个方面的思考:

一是建筑业做"投融建管营"一体化有得天独厚的条件。一方面,"投资、建设、策划、运营"的业务领域与建筑业紧密相关,基础设施、城乡建设、房地产开发、海外项目、新兴产业和水利建设都是与建筑业强相关的业务领域,有利于统筹策划,统一方案、科学管理,系统化推进各项工作。另一方面,云南建投的发展方向与国家政策导向高度吻合,有利于获得更多的政策支持。按照"政府引导、金融支持、企业参与"的原则,充分调动整合政策、金融、企业资源,形成政企、银企、企业间的密切配合,有效确保资金落地,快速推动项目实施。

二是"投融建管营"模式形成了完全闭合的全产业链和完整的利润链,投资、建设、管理、运营各环节相互调整、相互匹配,统筹谋划项目的全过程、全生命周期。

三是规避操作环节,提高工作效率。"投融建管营"一体化,能够节约市场成本,减少中间环节,提高工作效率,避免了过度多元化、产业不突出的经营状况,形成规模经济效益,集团的市场竞争力大幅度提升。

四是提升社会影响力。云南建投运用投资带动工程承包的新模式,投资建设了保障房、棚户区改造、高速公路建设、高原湖泊治理等一大批重要项目,为云南省经济稳增长做出了积极贡献,在云南省经济社会发展中的"顶梁柱"作用不断显现,综合实力和社会影响力显著提升。

五是加大人才队伍建设。市场竞争归根结底是人才队伍的竞争。云南建投把人才队伍建设作为重中之重来抓,通过系列举措,立足企业所需所用发现、培养和使用人才,加快优化优秀年轻干部队伍,建立管理人才库、技术人才库、技能人才库,积极推进人才培养工作,以体制机制创新激发各类人才活力,有力支撑集团"投融建管营"一体化运营。

如今,面对错综复杂的形势及挑战,云南建投各项指标实现逆势增长,为企业不断开创高质量跨越式发展提供坚实保障。在 2020 年度综合考核中,云南省国资委主要负责人指出:总结过去,云南建投的成绩可喜可贺、可圈可点;展望未来,云南建投的发展大有作为、大有可为。

立足新发展阶段,融入新发展格局,坚定不移贯彻新发展理念,云南建投坚持走高质量发展之路,紧紧围绕"将云南建投集团打造成为体制新、机制活,投资引领、产融双驱,核心竞争力强、产业优势突出,员工满意度高的国内一流、世界知名的高质量世界 500 强企业"的目标,以推进数字化转型升级以及"投融建管营"全产业链一体化双重发展为抓手,再次踏上新的征程,力争书写新的传奇。

智能建造与建筑工业化融合发展再思考

文 / 叶浩文

中国建筑集团有限公司首席专家、特聘研究员，中建科技集团有限公司首席专家

自 2016 年印发《国务院办公厅关于大力发展装配式建筑的指导意见》（国办发〔2016〕71 号），到 2020 年出台《住房和城乡建设部等部门关于推动智能建造与建筑工业化协同发展的指导意见》（建市〔2020〕60 号），在多重利好政策的支持和激励下，我国以装配式建筑为代表的新型建筑工业化快速推进，标准规范不断建立健全，建造水平和建筑品质明显提高。"十四五"新征程，随着整个国家数字化转型步伐加速，建筑业已然吹响数字化转型、智能建造转型升级的冲锋号，迫切需要通过加快推动智能建造与建筑工业化协同发展，加快推进建筑工业化、数字化、智能化升级，进一步提升建筑业发展质量和效益，走出一条内涵集约式高质量发展新路径。

总体趋势与问题研究

智能建造能有效发挥信息共享和集成优势，促进装配式建筑各专业、各环节、各参与方协同工作，实现设计、生产、装配全过程的信息集成与共享。在建筑领域，要顺应国家发展规划要求，与信息化以及建筑工业化（装配式建筑）深度协同，大力推动智能建造的发展，实现生产效率、管理模式、建筑品质的变革。

以智能建造推动生产效率变革。在工厂与项目一线，探索应用智能装备，解放体力工作者，提高工厂加工与现场施工的劳动生产率，降低人工成本。以智能建造为使命，不断改进生产工艺，提升工厂的机械化、自动化水平，率先将BIM和人工智能应用在工厂中，通过科学的手段优化管理和流程。

以智能建造推动管理模式变革。以数字化、智能化技术为手段，拓展和探索基于大数据的协同应用模式，探讨高效便捷管理模式的可行性，打造全面在线化管理模式，解放脑力工作者，固化工厂工艺流程标准与现场项目管理规范，提高管理均质化、精细化水平。

以智能建造推动建筑品质变革。立足于建筑行业各专业的信息同步、存储、交互与传递技术，将解决产业链上下游企业间设计、制造、商务和资源协同及各版块间的离散数据整合，使项目各参与方时刻掌控设计、构件生产及施工进度，及时对接工作任务，有效管控生产安全以及建造质量，提高交付质量、改进市场形象、提升履约水平。

尽管智能建造符合当前行业整体发展趋势，也取得了不错的成效，但整个行业存在的难点、痛点问题依然不少，比如一些装配式建筑不"装配"、一些建筑工业化项目体现不出"工业化"，也由此引发人们的质疑。新型建筑工业化的目的是要实现系统化集成化设计、工业化生产、智能化建造、产业协同化发展，但因一些技术体系还不够完善，整体性设计和系统性设计较为缺失，加上一些地方存在"唯预制率""唯装配率"现象，从而导致社会评价不佳，也需要引起行业的重视。

智能建造和建筑工业化集成技术不匹配。目前我国还在沿用前工业化时期碎片化的施工组织管理模式，实施主体只关注单个项目的眼前利益，不注重建筑产品的品质创造及其带来的长期效益，加之各类旧模式下形成的既得利益关系，阻碍了先进生产力的发展。对此，迫切需要建立和完善适应工业化和智能化相融合的组织管理模式，以建筑骨干企业牵头，以全产业链不同规模、不同专业企业优化级配，密切协同，进而形成围绕高品质建筑产品进行精益建造、资源优化配置的市场环境。

生产体系信息断层。国内建筑业的生产模式仍沿袭传统的设计、采购、施工三段割裂的运作模式，如此条块分割的建造模式造成了产业链中的信息化壁垒。装配式建筑的设计、生产、采购、施工等几个阶段虽然采用了一定的智能化手段，但从整体的角度观察，数据依然处于离散状态，形成了以"系统性产品"与"碎片化要素"为主的现阶段装配式建筑发展的主要矛盾，建筑设计、加工制造、装配施工各自分隔，呈现出"碎片化"的特征，急需统合。

数字设计引领优势尚未体现。虽然BIM设计已经成为建筑企业各项目的标准化要求，但由于标准落实度低、BIM工程师技术参差不齐等因素，BIM设计还停留在传统"错漏碰缺"等设计工作的优化中，在作为数据源头的平台端进行数据流转或辅助其他板块进行工作中，无效或低质量BIM模型较多，从而无法形成数据流转，更无法与完成平台端的设计数据再加工和集中整合，因此需建立完善的标准化设计体系，最大限度地发挥数字设计引领优势。

重点方向与实践支撑

与其他行业相比，建筑业的数字化、智能化水平相对较低，发展智能建造顺应了国家从信息化、数字化迈向智能化时代的需要。除了加强顶层设计、强化政策引导、加快制定行业规范标准并充分发挥市场及企业作用外，推动智能建造与建筑工业化协同发展还要从数字化设计、智能工厂、智能施工和智慧工地以及建筑产业互联网平台等方面做出努力。

实现数字化设计领先。智能建造要从前端的设计阶段开始，才会有后面建造施工过程中各个数据资源的采集、应约、推广。因此，打造BIM一体化协同工作模式，实现"全员、全专业、全过程"的"三全"BIM信息化应用，并利用基于BIM的"正向设计"打通工程管理链条，实现信息快速共享和工作高效协同。

实现智能工厂自动化生产。智能化生产与智能建造联系紧密，在工厂中推进信息化、工业化要比施工现场容易。在前端数字化设计基础上，可以大力推动智能化生产，让工厂直接读取数据并生产构件。工厂实现了机械化、自动化和智能化，就可以逐渐缓解劳动力紧张的问题，它可以通过互联网、物联网技术与机械化、智能化制造技术深度融合，将数据信息直接导入生产管理子系统，不需要人工二次录入，实现工厂生产排产、物料采购、生产控制、构件查询、构件库存和运输的信息化管理，它可以实现生产全流程机械化、自动化、智能化，尽可能减少人工干预。

进一步发展智能施工和智慧工地。目前，施工现场的建筑机器人技术还不太成熟，智能施工可以先从智能设备开始，让某一部分率先实现智能化，比如塔式起重机自动感应、自动浇捣混凝土等。智慧工地可以利用移动终端进行质量、人员、进度、合约、成本等全过程全要素管理，并进一步发展为智能建造平台。要积极探索"互联网+"形势下的项目管理，推动"智慧工地"从数字化、在线化到智能化的技术升级，使工地实现技术升级、工作互联、信息共享。此外，要进一步普及智能移动终端的应用，推进智能技术在施工现场环境保护、能耗监测和建筑垃圾管理中的应用，通过多方智能建造协同平台进行重点工程建设的管理。

全力打造建筑产业互联网平台。建筑产业互联网是新一代信息技术与建筑业深度融合形成的关键基础设施，是促进建筑业数字化、智能化升级的关键支撑，是打通建筑业上下游产业链、实现协同发展的重要依托，也是推动智能建造与建筑工业化协同发展的重中之重。要加快打造建筑产业互联网平台，推进工业互联网平台在建筑领域的融合应用，开发面向建筑领域的应用程序。

中建科技作为中建集团科技创新平台，近年来着力开展智能建造研究与创新实践工作，自主研发现场不安全行为监测系统、智能钢筋绑扎机器人，搭建基于模块化的智慧工地移动式数据中心，致力于以智能技术带动建造试转型变革、以智能思维引领产业创新升级，为行业智能建造升级提供了样板案例。

研发现场不安全行为监测系统，即利用视频采集技术和 AI 图像识别技术，识别和记录现场不安全行为，联动人员实名制系统，对不安全行为进行实时报警、现场处罚，进一步规范现场工人作业行为。

自主研发智能钢筋绑扎机器人，即融合人机视觉、智能控制、机器人等高新技术手段，自主研发智能钢筋绑扎机器人，实现钢筋的自动夹取与结构搭建、钢筋笼节点的精准识别与定位、钢筋的分拣和绑扎等智能化工作，以机器替代人工实现钢筋绑扎的自动化加工，使识别智能化、操作简单化、生产效率化。

搭建基于模块化的智慧工地移动式数据中心，即借助边缘计算、人工智能、IoT、大数据等先进技术，搭建以模块化箱式房为载体，集自动化无人机停机坪、智慧建造平台中继站系统、点云测绘机器人、环境监控系统为一体的模块化移动式数据中心，通过智能设备及平台的联动对项目人员、设备、环境等信息进行动态跟踪，提高项目资源配置效率，减少安全隐患，实现数字建造管理目标。

数字创新驱动行业升级
智能建造引领人才发展

文 / 刘 谦

广联达科技股份有限公司
党委书记、董事、高级副总裁

"人才是第一资源。""硬实力、软实力,归根到底要靠人才实力。"随着全面深化改革的不断深入,以数字化转型整体驱动生产方式、生活方式和治理方式的变革已是大势所趋。传统建筑产业面临新的挑战和机遇,如何应对新变化,高效培养和发掘一批数字化人才,破解行业人才短缺的瓶颈,成为建筑企业亟待解决的问题。

2020年,13部门联合印发的《住房和城乡建设部等部门关于推动智能建造与建筑工业化协同发展的指导意见》(建市〔2020〕60号)(以下简称《指导意见》),以大力发展建筑工业化为载体,以数字化、智能化升级为动力,创新突破相关核心技术,加大智能建造在工程建设各环节应用,实现建筑业转型升级和持续健康发展。

智能建造是以 BIM、物联网、人工智能、云计算、大数据等技术为基础，可以实时自适应于变化需求的高度集成与协同的建造系统。由数字化引领的智能建造方式将颠覆传统建造，对工程生产体系与组织方式提出了新要求，同时对数字化人才、智能建造专业人才提出了更高要求。《指导意见》提出，要加大人才培育力度。制定智能建造人才培育相关政策措施，建立智能建造人才培养和发展的长效机制，打造多种形式的高层次人才培养平台；加强后备人才培养，鼓励企业和高等院校深化合作，为智能建造发展提供人才后备保障。

随着人工智能、大数据、物联网等数字技术与先进工程建造技术的融合发展，复合型数筑人才成为智能建造对技能人才的新要求。复合型数筑人才是指具备较高信息素养，有效掌握数字化建筑专业能力，并将这种能力不可或缺地应用于工作场景的相关人才，根据产业结构所需可初步分为数字化高等管理人才、数字化技术技能人才、数字化操作技能产业工人。

具体来讲，未来的数字建筑工程管理人才应当具备复合的知识结构，包括土木、机械、材料、信息等学科知识；具备较强的工程建造能力、多学科融合的专业能力；具备创新思维，兼备工程社会意识，能够综合考量技术能力与环境社会的协同等。

可以说，如何实现产业的智能建造人才端供给侧与需求侧平衡成为当前及未来校企共同面临与解决的核心问题。其中，人才供给的数量以及数字化能力质量均不能满足需求，成为企业在快速发展过程中面临的重要问题之一。由此，落实到具体人才培养中，需要企业在数字人才培养、使用、引进、配置等方面采取有效措施，建立长期有效的激励机制；同时，高校应适当扩大智能建造、建筑信息化技术等专业的招生规模，明确专业培养目标，全方位培养技术研发、设计、施工、生产、管理等方面的建筑专业和数字技术专业的复合人才。在新时代产教融合模式下，需要校企共同努力，为建筑业数字化转型升级提供坚强的组织保障和人才支撑，助力产业持续健康发展。

在建筑产业数字化转型升级的大背景下，高校智能建造专业的建设也势在必行。教育部和住房城乡建设部组织的行业资源调查报告（2019年）显示：今后10年智能建造技术人员缺口将大于100万人／年，智能建造技术人才短缺突出表现在智能设计、智能装备与施工、智能运维与管理等专业领域。

深入来看，高校智能建造专业的打造适应国家建设需要，培养学生德、智、体、美全面发展，培养具有较好的数学和力学基础，能熟练掌握土木工程专业的基本知识，精通工程结构智能设计原理、构件生产和施工技术，能够应用相关计算机开发语言和工程建造的一般机械和控制工程原理，完成现代土木工程的智能设计、智能生产、智能施工和全过程运行维护管理，并具备终身学习能力、创新能力和国际视野的行业人才。

在智能建造专业建设架构上，建设科学合理的智能建造专业建设分类法，帮助在专业建设中更好地进行课程建设、师资引进和学生培养。具体的智能建造专业建设可从人才定位的维度、专业设计的角度以及智能化过程维度三个方面综合考量分类。

在智能建造人才培养方向，基于智能建造行业人才需求，围绕模块化、多方向、多要素地构建人才培育方向，以工程建造为主线，融入信息化、机械化、工业化等核心要素的方法，注重基础理论与应用实践，培养能适应和驾驭未来智能建造的复合型人才。

对智能建造专业的建设探索，创新是前提。智能建造专业表面上是多专业的融合，实质上是内核的创新驱动，不仅要求专业内容要创新，教学方式也要创新，需要重构智能建造的知识体系。实践是关键。智能建造专业课程的内容应注重实践而非理论灌输，教学方式上也应注重学生的深度实践，同时紧跟企业和市场的实际需求，让人才培养与实际业务场景深度融合，多方共融。着眼全生命周期，教学内容应着眼全局，面向智能建造产品与项目的全生命周期进行设计，而非局限于某个阶段。

在智能建造专业的建设实践中，广联达科技股份有限公司携手政产学研等生态组织，紧跟产业政策／行业标准、智能建造人才需求标准，围绕人、课、场、法、管五个方面实践数字化教学；融合产业新设计、新建造、新运维的数字建筑新要求，打造贯穿"备、教、练、考、评"教学全流程的课程体系，并围绕学－做－教－展－研，建设智能建造认知中心，包括数字化综合实践中心、数字孪生实践中心、建筑工业化实践中心、人机协同实践中心等，全方位实现智能建造人才培养。

数字化时代，新一代智能建造人才将成为提升建筑企业综合竞争力的一个重要突破口，是支撑行业数字化转型的重要资源，把握住数字化智能建造人才，为智能建造提供坚实支撑，为驱动行业高质量发展提供不竭动力。

以数字化转型促高质量发展

文 / 石新波

黑龙江省建工集团有限责任公司
党委副书记、副董事长、总经理

黑龙江省建工集团有限责任公司（以下简称"龙江建工"）作为黑龙江省建投集团的权属企业，全面承接黑龙江省委省政府的决策部署，依托省级行业龙头的国企身份，秉持"品质建工、百年建工"宗旨，与省内十三地市开展全方位战略合作，是省内各级政府最可信赖的长期良好合作伙伴。近年来，龙江建工积极参与各地城市更新行动，延伸全产业链，树立龙江建工品牌，进一步巩固了省内建筑市场主体地位。居安思危，未雨绸缪，在现有成绩之上，未来如何突破自我实现创新发展？龙江建工选择的路径就是以数字化转型促高质量发展。

2021年3月26日，龙江建工举办了智慧工地平台应用启动仪式，这是龙江建工开启数字化转型的一个标志性事件。作为一家实力国企，龙江建工全面推进数字化转型和智能化信息平台建设,为传统建筑业助力赋能,在全省率先迈出了创建龙江企业标杆数字智能化管理平台的第一步。

抢占先机　瞄准数字"新蓝海"

当前各行各业都在提数字化转型,建筑业在这方面的需求比其他行业更为迫切。建筑行业作为传统产业,与其他行业有很大的区别,是劳动密集型行业,长期以来被贴上落后产业的标签,具有项目分布点广、流动性大,需要统计和处理的信息量大且变化快,管理方式比较粗犷,盈利水平比较低等特点。因此,建筑业迫切需要通过数字化手段,依托数字化的精准、高效、规范和模板化的优势,实现企业的精细化管理,为高质量发展夯实基础。

今后一个时期内,建筑产业链上的设计、采购、建造、制造、运维等多个环节,必将在数字化、工业化、智能化、绿色化的赋能下发生革命性的变革,行业将开启新的成长空间。建筑企业也亟须重构管理流程,创新业务模式和革新供应链模式,创新产业链体系,实现全生命周期的科学管理。因此,建筑企业数字化转型是必然趋势,也是企业一定要走也必须走好的路。龙江建工的创新发展必须瞄准数字经济"新蓝海",率先打造"数字建工",在传统建筑业数字化转型升级大潮中抢占先发优势。

加快布局　打开"三化"突破口

党的十九届五中全会对我国"十四五"时期的数字化发展,推动产业数字化、数字产业化,推动数字经济和实体经济的深度融合,坚定不移地建设中国特色的"数字中国"做出了重大部署。建筑行业作为我国国民经济的支柱产业,同时也是一个传统的大行业,必须坚定不移地以科技创新为中心,加快推进数字化、信息化建设,释放数字创造价值的叠加或倍增效益,推动行业的高质量发展。在推进数字化转型过程中,龙江建工将数字化、智能化、互联网化作为突破口,加快布局,以期真正为企业提质增效赋能。

一是实现企业管理的数字化,即运用数字化技术实现以业、财、税、资一体化为主要特征的数字运营管理目标，提高决策的科学性和合理性。持续提升企业的运营质量和经营水平，增强企业的核心竞争力。

二是实现项目建造的智能化，即在项目的建造过程中运用数字化的技术，提高人、材、机的运转效率，缩短建设工期，降低建造成本，减少安全事故，提高工程质量，不断提高项目建造的精细化管理水平。

三是产业生态互联网化。产业生态圈借助互联网的手段互联互通，未来将涌现出一批拥抱产业互联网的建设企业和科技企业，达成深度的合作，实现共赢、共同成长、共同发展，这也是数字经济具有的最有价值的这一部分。

赋能未来　夯实"创新+人才"战略

数字技术的发展已经从互联网、大数据迈入人工智能时代。在数字化对社会经济的冲击和颠覆中，互联网企业独领风骚，传统企业的总体表现迄今为止不够理想。在数字化转型过程中，龙江建工认为，最重要的就是通过"创新+人才"，实现价值再造。

创新引领数字化：在数字化转型过程中必须重视创新，加快实施以科技创新为核心，制度创新、管理创新、商业模式创新和人才创新同步推进的全面创新体系建设，聚焦建筑数字化、智能化、工业化，塑造集团科技竞争的优势，推动企业高质量转型发展、可持续发展，使集团成为东北区域行业内最具影响力的标杆企业。

数字化人才保障：企业数字化要实现成功转型，信息化人才保障是基础，龙江建工将打造一支高素质、高水平的数字化转型人才队伍，建立信息化专家、信息化专业人才和信息化从业人员三个层次的梯队，为企业数字化转型提供坚实的人才保障。在未来的发展中，龙江建工将继续加强技术培训支持，持续攻克技术难题、技术壁垒，推进集团信息化工作的持续发展。

2021年是"十四五"开局之年，推动数字经济与实体经济深度融合是企业重要的发展方向，需认清形势、凝聚共识，重视发展数字经济，在推进数字产业化、产业数字化中践行使命担当。未来，龙江建工将以"需求导向、示范引领、全面实施"为原则，健全信息化管控模式，以重点工程先行、一般工程随后为主线，全面推进智慧工地的建设，做到以智慧工地建设为触点，联动企业数字化、信息化管理转型，提高集团项目标准化、精细化、集约化管理能力，实现绿色建造和精益建造，打造智慧工地、样板工程、标杆企业。

如今，龙江建工数字化转型建设已正式拉开帷幕，企业信息化建设也将进入全新发展阶段。站在"两个一百年"的历史交汇点和全面建设社会主义现代化国家的发展新起点，龙江建工将抓住新一轮科技革命的历史机遇，以数字化转型为抓手，向打造行业内具有较大影响力的创新、创效、创誉型标杆企业的精准目标，锚定"品质建工"新航标，开启"百年建工"新征程。

持续推进 BIM 理性发展
助力建筑业数字化转型升级

文/汪少山

广联达科技股份有限公司高级副总裁

《中国建筑业 BIM 应用分析报告（2020）》的调查数据显示，78％的受访者表示企业已经在项目中使用了 BIM 技术，有超过 57％的建筑企业已应用 BIM 技术超过 3 年。而应用和未应用 BIM 的受访者中，均有超过 70％的人认为建筑业企业应该使用 BIM。在我国，BIM 应用经历了"不了解""BIM 万能论""BIM 无用论"等几个不同阶段的认知变化后，正在迈入理性发展的阶段，作为建筑业大数据的主要载体，BIM 必将成为助力建筑业数字化转型升级的核心引擎。

BIM 应用在国内的认知和发展过程

众所周知，任何新技术的应用发展都要经历五个阶段：第一个阶段是创新的触发期，第二个阶段是高速增长的过高期望期，第三个阶段是泡沫化的低谷期，第四个阶段是复苏爬坡期，第五个阶段是成熟期。从国内建筑行业的BIM应用发展来看，目前应该正处于第四个阶段，即正在转向理性发展的过程。

2006—2008年，BIM刚被引入国内，处于概念普及期，人们对其敬而远之；2009—2014年，设计类BIM应用在国内推行，人们认为BIM能解决所有问题，BIM被捧上神坛；2015—2019年，在实践中，与管理流程机制难适应的情况出现，人们认为BIM应用价值不明显、应用落地难；2020年，国家出台一系列政策文件，大力推进BIM应用落地，加快信息技术融合发展，BIM进入理性发展阶段。

随着BIM应用实践的不断深入，BIM所能带来的当前价值和潜在价值越来越成为行业共识，也培养出越来越多的BIM人才。总体上看，人们对BIM的认知越来越清晰，对BIM的期望越来越回归理性。

在BIM应用范围方面，主要呈现出应用项目类型更丰富、应用阶段更全面、应用群体更广泛的发展趋势。

BIM应用是助力建筑业数字化转型升级的核心引擎

数字化已经成为各行各业高质量发展的重要支撑，如何让数字技术融入传统产业，对庞大而复杂的建筑业来讲是一个很大的挑战。对整个建筑业来讲，BIM技术、云计算、大数据、物联网（IoT）、移动应用、人工智能（AI）等已逐步成为影响行业发展的关键技术，通过这些技术可以使建筑业全过程、全要素、全参与方实现数字化、在线化、智能化，推动整个行业的数字化转型升级和高质量发展。

作为数据载体，BIM的价值产生在数据的解构与重构，通过对各条线业务数据的打通，可以更高效地实现业务协同，让数据更好地赋能到业务本身。当然，数据想要产生实际价值，其真实性、及时性、完整性至关重要，这就要求源头数据及时、精准地采集，以及对采集汇聚的大数据价值分析和深度挖掘。BIM技术和"云、大、物、移、智"等数字技术的有效结合，可以更好地保证数据流的运转，从而发挥其最大的效力。

比如BIM技术在基于作业面的施工管理精细化方面就能发挥重要作用，主要带来两方面的能力，一是基于三维模型的工作面拆解能力，二是基于施工流水段的工程量计算能力。利用BIM模型可以将一个工程项目按施工顺序和任务安排，将空间进行拆解，成为一个个区段的子模型。再基于这一个个区段的子模型，进行"人、材、机"等各要素的工程量统计汇总，辅助后续施工进度、材料采购、工人排班等工作，实现精细化的管理。

结合物联网（IoT）技术，BIM技术的应用可以实现对现场建筑实体和各类施工措施的数据采集，各类管理/岗位工具支撑我们对管理过程的数字化，实现对项目的数字化、精细化管理，企业对项目的感知和管控会发生质的变化。

BIM技术与施工进度计划结合，可以实时感知和统计项目的工程进展情况，某一流水段工作开展时，可以快速进行施工量的计算，帮助生产管理人员进行生产组织。同时施工作业危险性较大的作业活动，通过智能传感器实时采集数据，感知变化，超过设定预警阈值，系统及时预警/控制，保障项目安全运行。

同时，BIM技术可以辅助不断积累企业的各项数据，形成企业核心数据资产。帮助企业提高生产效率、优化资源配置的同时，对累积汇聚的大数据也可以再进行多维度分析与应用，让数据应用成为能力，成为企业的核心竞争力。随着数据的不断积累，利用人工智能技术完成深度学习，将对项目建造过程实现全面智慧化，对任何数据的变化，现场指挥大脑将自动对其进行计算评估，做出最优调整，基于视觉技术的智能识别让计算机能够全面认识项目建造过程，对其进行精准管控，助力每一个项目成功。

持续推进 BIM 应用理性发展

纵观建筑业全局，以 BIM 为代表的数字化技术应用和发展持续向好，全行业已逐渐形成价值共识。同时，也要清晰地认识到，建筑业数字化转型不是一蹴而就的，需要分阶段、分节奏、分步骤地有序推进。在此过程中，BIM 作为关键技术和数据载体，应在标准体系建设、政策制度配套、项目应用与推广、技术及应用人才培养、应用软件及相关设备研发 5 个方面加大投入，以持续推进 BIM 应用理性发展。

标准体系建设方面，应从行业宏观层面对 BIM 技术的研发及应用做出方向性指导，再根据各地方、各业务的不同环境情况和发展阶段制定有针对性的系列标准，促进不同阶段、不同环境的 BIM 应用有序进行。在 BIM 数据标准层面，应建立数据标准体系，更好地实现数据联动，加强国内厂商通过统一软件标准和接口深度开放建立一体化的软件生态体系，培育并推广自主可控技术标准，打造自主可控软件生态和技术联盟。在 BIM 应用标准层面，企业及项目作为 BIM 应用的主体，应根据不同项目类型、不同阶段实际的业务需求，有针对性地梳理 BIM 应用范围，建立企业或项目级 BIM 应用标准，提升 BIM 应用实施效果。

政策制度配套方面，应以政府引导为手段，加强政策保障体系建设。技术研发角度，以 BIM 为代表的建筑业数字化技术还处于科技创新阶段，需要各级政府从鼓励性政策方面做好调控，尤其是针对自主可控的软件及相应技术的研发鼓励性政策。BIM 应用角度：应加强做好 BIM 应用范围和费用的政策性引导和规范，将 BIM 应用要求与工程项目审批深度融合，在工程项目审批关键节点前置 BIM 应用要求，在项目立项、规划审批、施工图审查、招投标、施工及竣工各阶段、在一定程度上引导要求使用 BIM 技术。BIM 应用费用角度：应引导要求在项目立项时即将项目各阶段 BIM 应用费用单独计列，明确 BIM 应用费用应纳入项目投资估算。

项目应用与推广方面，制定有针对性的鼓励政策，以促进企业在 BIM 应用方面的积极性。如鼓励大型国企、央企做好行业引领，在政府投资性的单体建筑面积或投资金额超过一定规模的大型房屋建筑工程或基础设施工程中，应要求参与各方开展 BIM 应用实践。各级地方政府相关部门应持续推出鼓励开展 BIM 示范项目的相关政策，鼓励从项目启动初期就实施项目 BIM 应用，并在项目应用过程中定期监督与评审。同时，可将 BIM 应用水平和效果作为工程项目进行各类型评星、评优活动的加分项。

技术及应用人才培养方面，缺乏 BIM 人才一直是行业推动 BIM 应用的最大阻碍之一，对此，可以从两个方面解决：其一，在政府层面，相关部门、科研院所、高校和企业要面向世界科技前沿，本着"人才培养密切联系工程实践"的原则，发挥政府和市场的双重机制，加快构建行业 BIM 技术和应用人才梯队及专业团队。通过政策倾斜，将具有信息领域跨国公司经历的建筑行业专业人才纳入人才引进计划。其二，在行业层面，搭建行业 BIM 人才培养、交流平台，通过系统性培训和常态化的优秀实践分享交流，逐步培养输出既懂 BIM 技术和应用，又了解工程业务和管理的复合型人才，推动行业 BIM 应用良性发展。其三，在企业层面，企业自身应重视 BIM 技术和应用相关人才的引进、培养和储备，加强相关人才的各项投入力度，以确保企业在面对以 BIM 应用为代表的数字化转型升级的行业变革过程中保持或提升竞争力。

应用软件及相关设备研发方面，应加大对自主可控技术研发企业的培育和支持力度，提高企业创新愿望和创新能力，切实发挥企业的主体创新作用；应鼓励支持采购自主可控的相关创新产品和服务。

借势"使能者"加快建筑业数字化转型升级步伐

广联达作为国内最早专注 BIM 技术和应用的公司之一，一直以来致力于工程建设行业 BIM 全生命周期的应用，研发了一系列自主可控的 BIM 应用工具，包括 BIM5D、BIMMAKE 等，开启了 BIM 轻量化应用时代；和高等院校、科研机构合作，共同发布 BIM 发展报告、编制相关标准；成立 GBC（Glodon BIM Community）训练营，为行业、企业培养了大批 BIM 专业人才，推动了

BIM技术在建筑业的快速落地。

日前,广联达发布施工建造阶段创新应用成果——BIM+智慧工地3.0,通过以BIM、IoT等为代表的数字技术,实时采集现场数据,自动分析建模,精准分析、智能决策、科学评价,为施工企业提供生产提效、安全可控、成本节约的项目企业一体化解决方案,为建筑业向数字化转型升级提供了抓手。

提升认知水平,要紧跟行业发展趋势,更要善于向外借势赋能。作为数字建筑平台服务商,广联达定位于数字化"使能者",为数字化转型践行者、推动者持续提供数字化产品和服务,共同打造数字建筑平台,为建筑产业升级赋能,助力"让每一个工程项目成功"的价值主张已被行业广泛认可。未来,希望能够与建筑企业一起,协同发展,共同打造建筑产业互联网,实现建筑产业数字化转型的宏伟大业。

数字科技构建建筑产业供应链金融新价值

文 / 温 鑫

广联达科技股份有限公司
数字金融事业部总经理

近年来，在国家多项政策鼓励支持下，供应链金融作为服务实体经济、扶持中小企业发展的重要抓手，得到越来越多的关注。尤其是 2021 年，政府工作报告首次单独提及"创新供应链金融服务模式"，供应链金融已上升为国家战略。大力发展供应链金融，从体制机制上解决中小微企业的融资难、融资贵的问题已经成为共识。

建筑业作为国民经济的基础支柱产业，具有产业链条长、参与方众多、行业集中度低、业务复杂度高等特点，具有开展供应链金融的天然属性，市场需求亦极其旺盛，建筑供应链金融成为当前建筑企业思考解决融资难、融资贵问题的重要支撑。如何快人一步以数字化手段解决建筑供应链金融过程中遇到的各种痛点、难点，用"数字科技构建建筑产业供应链金融新价值"，也成为当前数字时代赋能建筑供应链金融高质量发展的重要选择。

建筑业企业资金与融资管理的现实困境

2021年伊始，在国务院的号召下，各地陆续出台了诸多利好政策推动供应链金融发展，供应链金融已然来到新的发展风口。然而，尽管在这背后的事理逻辑早已形成多年，也得到众多同仁的认可和重视，但供应链金融在建筑业的发展现状依然差强人意，其主要难点如下：

难点一：信息不对称导致"建筑供应链＋金融"融合难

针对"数字科技构建建筑产业供应链金融新价值"这个话题，从经营的维度上分析有一点值得特别强调，即一家企业信息化和数字化的最大意义在于落实到对其核心业务的支持上。在此过程之中，金融无疑是很重要的支撑手段，但放眼整个建筑行业，资金供给满足度较低，需求侧仍有大量资金需求存在。这主要归咎于建筑产业供应链金融存在着巨大的"鸿沟"，即所谓的信息不对称。

对大型建筑业企业来说，凭借良好的主体信用避免了融资困难，但从企业精细化管理的角度出发，目前提供给大型建筑业企业的金融产品大多较为粗放，与实际管理需求并不匹配；对中小型建筑业企业来说，因其信用体系不够完善，大部分企业直接面临着融资难、融资成本偏高等困境，依靠传统金融难以解决；对金融机构来说，虽然有较大意愿转向供应链金融，但普遍存在难以深入行业、业务操作成本高、授信使用不充分等问题，无法在建筑行业规模化发展供应链金融。

综上分析，建筑行业供应链金融场景中资金供需双方存在严重的信息不对称，建筑行业供应链金融要发展就必须具备低成本获取和应用实时、精准、在线的业务数据的能力。基于此，广联达数字金融专注于用数字化的方式将建筑和金融这两个非常传统而成熟的行业更好地融合起来，通过科技手段让金融服务更高效地渗透到建筑行业的每一个链条和环节中。

难点二：产业链条长而杂导致"长尾小微"融资更难

如前所述，建筑行业具有产业链条长、参与方众多、行业集中度低、业务复杂度高等特点，具备开展供应链金融的天然属性，市场需求也极其旺盛，有利于建筑供应链金融快速发展。但是，这些特点也导致在建筑行业开展供应链金融的难度非常大。基于建筑工程项目建设周期长，涉及设计文件交付、现场班组作业交付、机械设备租赁和购买、材料交付等多种交易场景，要想把这些场景中的商流、信息流、物流和资金流完全打通，难度极大，令金融机构望而却步。

另一个严峻的问题是，建筑产业中小微企业众多，业务关系复杂，导致供应链条上的"长尾小微"融资非常困难。大量中小民营建筑业企业的融资需求满足度极低，离开了头部核心企业的强确权便融资无望。要从根本上解决其融资难题，唯有帮助其建立起属于自己的信用体系，以得到金融机构的认可。

建筑供应链金融的数字化破局思考

由于数字化技术的推进，越来越多理想的供应链模式有了成为现实的可能，在完备条件的支撑下，供应链金融不仅能真正还原到其本质，还可支持整个产业链条效率的大幅提升。如今，国家政策的发布进一步推动了供应链金融这一构想的落地，这对建筑业企业甚至处于链条上游的中小型供应商而言，都将产生极大的价值。

思考一：如何帮助中小建筑企业建立起自己的信用体系？

"十四五"规划和"新基建"等政策红利的大环境下，建筑产业迎来向智能化、工业化、绿色化方向升级和高质量发展的机遇，建筑行业交易和项目建设的过程数字化程度快速提高，数字化产品已经具备覆盖工程项目全生命周期建设及运维场景的能力，如数字集成项目管理平台、各类纵向一体化数字平台、智慧供采电商平台、供应链管理平台等一线生产作业系统，实时产生各类项目建设和企业经营的一手精准数据。数字化水平的提升，会让金融服务更加稳健地打开中小微企业的增量市场。同时，通过金融服务也能更快地推动中小微企业的数字化进程，这使建筑行业信用体系借助数据科技力量快速完善成为现实。

广联达数字金融平台从工程项目全生命周期的建设及运维场景出发，链接多类纵向一体化信息化产品、智慧供采平台、供应链平台等一线生产作业系统，并采集实时、精准、动态的数据，具体涵盖专业应用数据、企业经营数据、交易平台数据，再辅以行业政府数据进行整合，为建筑产业各项供应链金融产品、资产转让等业务直接赋能。通过广联达供应链金融平台的建设和持续运营，将为建筑产业内各参与方主体、各类金融机构搭建高效合作通道，实现多方共赢，帮助中小微企业建立基于精准全量数据的信用体系。数字信用体系的建立，能够促进金融机构深入理解建筑产业链各方的融资需求及企业画像，从而打通金融机构和企业的信息壁垒，帮助金融机构更精准、更高效地为建筑产业链参与各方提供融资服务。

纵观建筑产业链，施工企业处于整个链条的中枢位置，上游有甲方，下游有分包方，在与每一个参与方产生商业活动时，都会产生一笔又一笔过程冗长而复杂的交易。以往在这些节点上，传统金融只聚焦于链条末端的支付需求，即便对信用较好的企业，可以操作贴票或拆转融，但是聚焦末端的方式存在一个很大的弊病，即资金周转效率偏低，在同样单位时间内周转次数过少。施工企业的作业特点决定了其在结算阶段甚至验收阶段就已经完成交付，而苦于没有数据，金融机构在此阶段无法获得任何凭证，无法提供高效的融资服务。如今，数字化的方式促使交易在更前置的阶段透明化，金融机构能够充分评估风险，从而极大提升资金周转效率甚至整个供应链效率和核心竞争力。这一变化的核心在于决策模型的变化，即不再仅依靠核心企业的主体信用进行风险评估，而是将供应链整体能力纳入其中。

在数字经济时代，企业间的竞争已拓展到供应链之间的竞争，而供应链金融也应回归本质，关注供应链运转的质量。对企业来讲，或开源，或节流，落脚点都在交易。尤其央企、国企等大型组织层级复杂，常常导致交易本身异常繁杂。为了解决这个问题，大量企业搭建集采平台，通过集约化交易打下了良好的基础，但这只是第一步——做大，有一定的量的支撑，进而以量换价提升供应链运转效率，仅做到这一点还远远不够。还有第二步——做强，这才是最关键的。做强需要核心能力，分层数字化在这里是一个非常好的落脚点。而论及做法，首先要通过集采电商平台、项目管理平台等专业应用完成业务本身的数字化，也是全参与方、全过程、全要素的数字化，这是优化供应链管理的基础。有了这个基础，供应链金融服务平台的搭建将更加顺利和稳固。

虽然很多国有建筑企业都在尝试搭建供应链金融服务平台，但目前平台的承载力更多依赖企业自身的主体信用，并仅在交易过程的后期作为一种支付手段使用。从现阶段来看，平台满足的仅是企业自身的融资需求，放眼未来，平台必然将更多地应用于生态赋能的场景，通过赋能整个供应链建立正向生态，届时其对主体信用的依赖也将转变为平台自身的能力。这是国有建筑企业搭建供应链金融服务平台的本质意义。明确这一点，将对今后企业增强其核心竞争力产生关键性的影响。

思考二：中小型施工总包企业如何处理应收账款？

就以往而言，企业旗下集采平台或物流企业多以赊销的方式与号码公司进行结算，但这种方法带来了很多应收账款的不稳定性。针对这一情境，只要其交易场景完成了数字化过程，就可以通过将其转化为一个标准的金融产品的模式来解决。另一边则体现的是针对无论是撮合还是自营关系的企业和供应商，供应链金融服务平台都构建出一个供应链金融生态。通过这样的平台，不仅解决了企业自身内部流动性的问题，在赋能的同时还帮助上游供应商建立了信用体系，同时，企业还将获得增量收益并进一步完善供应链能力，从而实现多方共赢。在这种场景及数字化支撑的基础上，我们也总结了多类金融产品，为整个生态提供更为多样的服务模式。

供应链金融落脚在每一笔真实合理的交易本身，这是能够实现上述情境的重要原因。交易真实性的核验并非对合同和发票的简单审核，而应依靠大量真实的交易数据支撑，唯有梳理清楚其间发生的诸多事项，才能真正下沉以彻底打开增量市场。

从市场现有的模式来看，即使在甲方强确权的情况下，中小型施工总包企业能得到解决的资金缺口十分有限。供应链金融服务平台所能带来的，是通过中小型施工总包企业自身的持续履约能力，用数据积累的方式，预测未来的现金流。在该模式下，金融机构将从以往依据主体信用的授信逻辑，变为以现金流的未来流入作为授信依据。这样即便在非强确权的情况下，中小型施工总包企业也可以依靠数据的积累，建立起增量的信用体系。

企业的综合金融服务平台并非简单的与银行对接业务的系统，而必须拥有一个关键的架构即业务中台。就资产管理平台而言，直接与银行对接业务系统，大型企业不断形成各场景的资产，加之银行产品的多样化和差异化，系统会越发繁杂，后期必然束缚业务发展。因此，企业必须搭建自己的资产管理平台，与业务系统和金融服务平台打通，再对接银行系统，使其在中间像路由器一样做到精准匹配以实现平台可持续支撑业务的能力。平台背后有基于场景融合的企业、行业和第三方的多方数据，再借助创新的科技手段就能做到一站式解决问题。

总结：建立利益共享生态圈　助推供应链金融协同发展

广联达科技股份有限公司作为数字建筑平台服务商，依托自身对产业的深度了解及数据优势，在供应链金融发展的关键时点，通过搭建产业供应链金融服务平台为行业的供应链转型升级贡献力量，致力于不断将新技术引入业务场景，更好地促成建筑与金融两个传统行业的深度融合，激发新的活力。

在深耕行业多年及与客户的共创过程中，广联达数字金融深入分析企业的资金资产管理与融资服务的困境与需求，以业务场景数字化为基础，为企业提供咨询设计、IT平台搭建、资产管理及平台运营等服务，做好企业和金融机构的桥梁,帮助企业建立有竞争力的供应链生态。未来,广联达数字金融将打通包括关注底层资产的低成本境外资金在内的更多融资产品,希望用先进的数字科技和不懈的开拓创新,构建建筑产业供应链金融新价值,让我国整个建筑产业都能获得更好的融资服务。

国有建筑企业数字化转型的"道"与"术"

文 / 丁云波

四川华西集团有限公司副总工程师
四川华西集采电子商务有限公司董事长

2021年,"十四五"规划进一步明确"加快数字化发展、建设数字中国",将数字经济上升为国家战略,成为驱动我国经济高质量发展的重要引擎。推进数字技术和实体经济深度融合,实现建筑企业数字化转型不仅是对"数字中国"国家战略的深入贯彻,更是全面提升企业核心竞争力、以数字化转型化解未来诸多不确定性的必然选择。

为深入推进数字化转型战略,四川华西集团有限公司(以下简称"华西集团")于2016年成立四川华西集采电子商务有限公司,以数字建筑供应链平台建设为主,致力于打造行业数字供应链生态圈,形成了集采购方、供应商、金融机构、物流方、政府部门、科研机构、监管机构、行业协会"八位一体"的"开放+互联网"生态格局,成为国有建筑企业数字化转型的先行者,并成功探索出一种既满足自身发展需要又兼具服务行业高质量发展的数字化转型"华西模式"。

国有企业数字化转型的现实意义

在中央政治局第三十四次集体学习中，习近平总书记指出，数字化成为重组全球要素资源、重塑全球经济结构、改变全球竞争格局的关键力量，人类社会正进入以数字化生产为主要标志的全新历史阶段。当前，人类社会已经进入了以数字化为标志的生产新阶段，数字化转型势在必行。

对国有企业来说，数字化转型更具深义，它不仅是对"数字中国"国家战略的深入贯彻，也是国企三年行动改革方案的具体落实，更是国资国企监管体系机制建立的一个重要抓手。具体到企业层面，至少有三个方面的实际意义：

一是数字化转型是国企实现高质量发展的重要保证。加快数字化转型将加速推进新技术创新、新产品培育、新模式扩散、新业态发展，推动国企向全球产业链、价值链的中高端发展，加快国企高质量发展。

二是数字化转型是构筑国企竞争新优势的有效路径。传统的项目过程中，主要为人、机、料、法、环五个生产要素发挥作用。随着数字化的转型，数据作为第六个要素将推动国有企业的生产方式、组织方式、商业模式的颠覆式重构，让企业有机会发挥后发优势，抢占新一轮产业竞争的制高点。

三是数字化转型是国企创新发展的有力抓手。由于数字孪生等新一代数字技术的应用，让企业的试错成本大大降低，加快构建实时开放、高效协同的创新体系，大大激发创新活力，比如虚拟新技术、新产品的使用，不降低创新成本，而且大大缩短创新的周期。

除此之外，新型基础设施建设（以下简称"新基建"）相关领域及产业备受各方关注。在华西集团看来，新基建不仅对国家的高速发展起到很大的推动作用，对传统建筑施工企业来说也带来了重大的发展机遇。

新基建是推动建筑业数字化转型发展的转折点。新基建的大规模推广，必然带来建筑行业发展的拐点。这意味着，谁参与新基建建设越多，数字化技术应用越广泛，越赋能企业管理的提质增效，将更有可能在换道超车的领域占得先机。

新基建加速推动建筑行业新业态、新模式、新生态、新经济的同步发展。比如设计云社区、垂直建材电商、建筑业征信、建筑业供应链金融、生成式设计、正向设计等，都是建筑企业可以发挥作用再造价值的领域；又如，建筑企业转型做物业管理，在以前看似很难，但在应用新技术、新手段后，可以将施工过程中搜集的相关数据进行抓取分析，助力后期运维阶段的智慧物业管理。这也就意味着，随着数据成为生产要素之一，建筑企业面临的业务领域将越来越开阔，新基建最终带来的是建筑业产业链进一步延伸。

建筑业要主动参与新基建，与先进的数字化跨界企业融合，比如与服务商共同打造行业数据中心等，尤其是可以主动参与一些云基础设施的建设过程中，甚至不排除与服务商共建行业云、行业性的数字化基础设施等，在另一个赛道上提升企业的竞争能力。

在此背景下，为进一步促进数字经济和实体经济融合发展，打造数字经济新优势，抓住数字经济与新基建重大发展机遇，加速提升企业创新能力，以华西集团为代表的大型国有建筑企业凝聚数字化转型共识，多措并举开启数字化转型新篇章。

数字化转型的"道"与"术"

根据麦肯锡的调查报告，企业数字化转型失败率高达80%，即使是精通数字技术的行业，如高科技、电信、媒体等行业，数字化转型成功率也不会超过30%，而像建筑业、石油、制药等传统行业，数字化转型成功率不到10%。由此可见，建筑业的数字化转型存在一定的困难。

与诸多建筑企业的信息化建设一样，华西集团的信息化也经历了很多年。

2016 年，华西集团从大宗材料采购入手，打造华西云采数字供应链平台，重构行业数字供应链生态圈。在这个过程中，华西集团面临诸多挑战、吃过不少亏，也积累了不少经验，并从顶层设计及具体实施层面总结了数字化转型的"道"与"术"。

1. 顶层设计层面主要归纳为"1234"四个要点

"1"是 1 个提高，要求全员（公司的一把手到基层员工）对数字化的认知提高，这是数字化转型应该做、必须持之以恒做、最难做的事。

"2"是 2 个再造，主要是组织结构再造和业务流程再造。传统的生产过程有五个生产要素——人、机、料、法、环，现在数据成为了第六个生产要素，而数据的介入，可能导致生产流程的再造。由于生产流程的再造，建筑行业一定会产生相应的变化，所以企业的"2 个再造"一定要跟上。

"3"是 3 个统筹，即统筹谋划、统筹建设、统筹实施数字化转型战略。需要强调的是，"统筹"和"统一"的内涵是有差异的，这里的"统筹"并非指全公司的体系要整齐统一，而是指企业对现有的信息系统的 IT 进行设计和升级。这样，整个企业的数字化管理过程才能保证步调一致，为互联互通的未来打下坚实的基础。

"4"是 4 个持续，即持续投入、持续融合、持续迭代、持续创新。数字化转型的过程不是一蹴而就的，需要做到"4 个持续"，才能提高转型的质量和整体水平。

2. 具体实施层面总结为"四位一体"和"1 个突破点"

"四位一体"就是软件平台的设计和建设应该以"数据""业务""组织"和"技术"四个要素为整体进行统筹考虑、统一设计，通过这四个要素之间的互动创新、协同优化，共同推动企业的数字化转型。尤其要以数据要素为指导，因为数据是数字化的灵魂，没有数据的贯通，是运转不起来的，就像没有油的汽车跑不起来、没有电流和水流的楼房是应用不起来的。

在谈"1个突破点"时首先需要分析出建筑企业的3个链条——销售链、生产链和供应链。以链条为突破点，思考转型的方法。销售链指通过订单帮助企业把产品和服务卖出去，实现收入；生产链在制造业的说法是"流水线"，施工企业的说法是"项目生产施工"；供应链保障企业原材料的供应和正常交易。

华西集团非常重视数字化转型战略的推进，经过多年的努力探索，通过持续不断地在数字化领域投入和自觉探索创新，华西云采数字供应链平台成为华西数字化转型的阶段性成果，不仅实现"全链条的数字供应链集成服务、云原生技术架构、基于不赚价差的数字供应链生态来做的平台"三个首创，更是入选国务院国资委2020年国有企业数字化转型典型案例，成为国有企业数字化转型标杆以及建筑企业转型的典范。

"N朵云"持续赋能建筑行业转型升级

数字时代，传统实体经济正在与新一代通信、区块链、人工智能、大数据、物联网等新技术加速融合，新模式、新业态、新经济应用仍在不断涌现，建筑企业数字化转型仍在加速进行。华西集团将肩负国有企业责任，主动拥抱变化，积极适变、应变，在这个过程中与新业态、新管理、新的赋能工具深度融合，推动建筑行业的数字化转型升级。

在数字经济方面，华西集团做了长远规划，将打造建筑行业的数字产业集团，深耕数字技术在建筑行业的应用，推动行业的转型升级。具体来讲，华西集团将重点在三个方向上推动企业数字化转型，形成数字能力。

一是华西集团正在牵头打造四川省级现代建筑科技产业园。这个产业园是线下实体与线上孪生结合的智慧产业园，通过产业园建设有力推动区域建筑行业数字化转型升级。从产业园的选址开始，华西集团就致力于构建数字孪生的线上产业园和线下实地产业园，希望通过这个载体推动全产业链从勘测、规划、设计、施工、运维到最后交付使用、招商全链条的数字化产业园。这已经是一个智慧城市小的雏形。

二是华西集团打造的中国华西"善建云"数字化平台将为建筑施工企业全链条的数字化赋能，重点聚焦解决业务数字化的问题。这个平台主要是根据华西集团自身和建筑施工企业的特点，全链条地为建筑行业提供赋能的工具。目前正在配合包括广联达、阿里、华为等一大批国内数字化技术公司，一起打造中国华西"善建云"平台。未来这个云平台将在很多领域出现创新成果，如基于建筑行业云平台的跨平台操作系统、基于云原生技术产生的数据治理方法论，以及基于建筑行业数字化转型的评价体系。

三是华西集团着力打造了"三朵云"，未来甚至是 N 朵云，来推动区域建筑行业和国有企业的转型升级。目前，在四川省国资委的指导下，华西集团正在搭建天府阳光采购平台，同时在四川省住房和城乡建设厅的指导下，四川住建云平台也由华西集团负责建设，这两朵云将有效推进成渝双城经济圈建筑业的数字化转型，此外，在厦门市住房和城乡建设局的指导下，华西集团将探索海峡住建云，以推进海峡两岸的区域建筑行业转型。

"积小胜为大胜"，只有通过持续迭代，方能从必然王国走向自由王国。未来，在"数字中国"的指引下，国有建筑业企业一定能担当重任，实现全面数字化转型，为数字经济贡献"国之重器"的力量，为"数字中国"的壮美画卷增添耀眼的色彩。

数字时代 建筑行业供应链如何变革

文 / 黄树鹏

广联达科技股份有限公司助理总裁
数字供采事业部总经理

数字时代，供应链如何变革？这不仅是建筑行业的思考和探索的问题，更是各行各业在实现高质量发展过程中必须重视的问题，是整个行业升级的必然体现，更是供应链未来发展的必然趋势。建筑供应链的变革成为行业共同关注的话题。在此背景下，结合建筑业发展趋势、数字化转型的特点以及自身实践经历，我将谈一谈数字时代背景下建筑行业供应链变革的一些想法和思考，以飨读者。

数字供应链是建筑业创新生存的主要途径

从整个社会数字化转型的趋势、建筑领域的先进实践以及建设工程供应链特点来看，数字供应链是建筑业未来高质量发展的必然选择。

首先，从数字化转型趋势来看，数字化供应链已经有现实案例。以美国一家名为科特亚的企业为例，它实际上是以 BIM 为技术工具打通建造过程中的各个阶段，围绕建设项目，实现从工厂的柔性生产到全球供应链的网络化协同，再到现场装配施工的全流程协同。如果不是放在建筑业背景下，一般人会认为它是一个先进制造型企业，我们称为场厂一体化、现场工业化，实际上它已经把供应链整个实践流程走通了。

其次，看建筑工程行业先进实践，必须关注三个特别重要的亮点：

一是数字孪生：整个建筑行业向工业级品质升级、虚实结合、产业降本增效。

二是供应链升级：向 DST（数字供应链）升级，由链到网，由博弈到伙伴关系。企业过去在采购时主要考虑如何以更低的价格实现采购，现在的采购更重视伙伴关系，即要帮助企业在整个项目初期阶段设计应有的供应体系。

三是平台化：基于平台的高效协同，实现全过程、全要素、全参与方升级。前文提到的科特亚这个案例，和国内的实际情况或有差别，但我们要看到它的先进实践和经验，它真正实现了工厂化生产，成为学习和借鉴的案例。

最后，建筑业是国民经济的支柱产业之一，其中 40%～60% 的成本都是由材料设备物资构成的，建筑行业供应链的采购方和供应方都大而不强，还面临着很多问题和挑战，如要规模还是要效益？要质量还是要发展？要低价还是要高利润？要高周转还是要稳定性发展？在此背景下，寻求有效的、先进的供应链管理方式，提升企业核心竞争力，则成为建筑业摆脱困境、创新生存的主要途径，数字供应链也就应运而生。

数字供应链有四个核心特点：一是连接，二是智能，三是灵活，四是迅捷。这四个核心特点构成数字供应链的核心导向，成为数字供应链发挥关键作用的基础。

连接是指产业链条上多参与方的充分深度互动。例如，确定采购的灯具是否符合要求，不仅要看它的设计方案，还要考虑整个工程的承重结构，甚至这个灯能不能用，还要看施工工艺，需要多方协同。

除了深度连接，还要做到智能、灵活、迅捷。数字供应链相对传统供应链能提升销售1%～4%，降低生产成本5%～10%，降低库存20%～30%，这是实际能看得到的效果。现在建筑行业向工业化、数字化、绿色化转型，就是向先进制造业学习、看齐、对标。供应链升级的方向和原因，还是要反映在企业效率、数字供应链整个建设路径和先进实践上。

与传统供应链相比，数字供应链有如下特点：

第一，物资流、资金流、合同流、发票流是多流，它不仅是简单买卖。

第二，升级和转型的过程中有科技加持，包括大数据、物联网、移动互联网、人工智能、区块链等。

第三，数字供应链典型的特征是全参与方、全过程、全生命周期。不能仅看当前的环节流程，还要看前面的设计、成本控制、交付履约，以及后续的运营维护，而不单是买卖这一个环节。

"更好的"交易应该符合三个特征：一是项目结果，这个项目结果要好；二是综合最优，综合考虑经济、安全、风险和周转；三是企业共赢，如果一方亏了，另一方赚了，这样的合作难以持续，这样的交易叫"一锤子买卖"，不是更好的交易。

如何实现更好的交易？要回归整个建设行业供应链的特点——复杂过程、简单结果。下单购买是最简单的流程，但下单购买前有一个相当复杂的过程，为了实现多快好省，在下单购买前要做充分的供应商选择、深度洽谈、考察认证、材料比选、方案设计，要反复比对成本、设计、施工工艺方案，要监督交付履约。从另一个供应端来看，要做投产预测、客情关系、合同洽商、跟进项目。通过这样复杂的过程，才会有最后看似简单的结果。在合适的项目买到了合适的产品，把合适的产品供应给合适的客户，双方能够周转起来，这就是在建设工程里面没有电商的原因。

"四步走"实现建筑业供应链数字升级

由于建设工程领域发展基础较为薄弱，整个数字供应链升级路径需要分"四步走"，即标准化、信息化、在线化和平台化。

一是标准化。标准化是供应链建设的基础。它包含业务架构、运行规则、流动管道的标准化。作为采购企业，需要实现的标准化是指要清晰采购内容，哪些需要采购，哪些不需要采购，哪些需要集中采购，哪些又需要分批采购，都需要有标准。标准化决定了企业供应链的运行模式，是供应链的建设基础。在标准化过程中，要把业务划分出去做 SOP。比如，传统供应链会分块、分行动，分计划管理、采购管理、合约管理、供应商管理、资金管理。这里每一块内容又分动作执行，把这些动作串联起来，叫业务标准化。要提升供应链水平，第一步一定是先把业务做标准化梳理，明确什么做，什么不做，按照什么规则做。

标准化是企业供应链能力的高质量萃取，在做梳理抽提的过程中，完成了整个管理能力的提升。这种萃取本身就是管理水平提升的关键手段，包含数据标准化、流程标准化、供应标准化。其中，数据标准化是指需求清单、物料编码、合同范本、供应商认证的标准化；流程标准化是指计划审批、评定、合同管理流程的标准化；供应标准化是针对供应方而言的，包括品牌曝光、产品推广、销售推进、交付履约的标准化。

二是信息化。信息化是数字供应链的运转载体，信息化承载了组织、知识、能力和管理。建筑业企业上游的信息化包括业务流程信息化、系统工具信息化。建筑业企业下游也在做信息化，包括物资设备信息化、企业自身信息化。信息化传输有两个主要原因：一是部分企业还没有实现主要业务活动数字化升级，如建材供应企业，各地的分公司、办事处、代理商、经销商、市场人员、销售人员，在和客户打交道的过程中，实现信息化的覆盖度并不高，在和客户交流过程中，产生了大量对供应链有益的信息，如项目选材的要求、对方的工艺标准，这些数据没有沉淀下来，所以说信息化覆盖程度不够；二是建筑行业的物资设备品类繁多，如果没有一个信息化的载体，经常会发生"货不对版"的情况。因此，如果不用信息化手段实现基础编码识别唯一性，最终很难实现效率提升。所以，建筑行业信息化提升非常有必要。

三是在线化。这是数字供应链运转的驱动力。在线化可以实现岗位和岗位相连、岗位和企业相连、企业与企业的上下游关系连接，企业供应链还能和外部的专业服务以及行业发展红利相连接。没有任何一个企业的发展是孤立的，从采购计划到履约评价的整个阶段，从供方寻找客户到最后交付到货，整个过程就是一个长链条、网状结构，所以，在线化是建筑工程供应链的本质特点。

在线化需要实现"三个融合"，即线上、线下和行业服务的融合。"线上"要用好数字化这个红利，做需求智能匹配。通过数字化平台实现在线交易、物料自动化验收、履约评价、线上物流、数字金融。通过线上营销实现精准投放、场景植入。这些是典型的"线上"活动，但仅仅有这些也是行不通的。"线上"与"线下"要打通，线下要做深度对接，如条款谈判、样品选定、人脉互信，也要做实地考察，如实景评估、实力展示以及高阶合作，还要做"行业服务"，实现服务、资源、能力介入，最后实现线上、线下和行业服务的打通与融合。

双边匹配背后实际是大量的标签。例如一个项目需要采购一批吸顶灯，这是有一些明显特征的：如需要吸顶灯的项目所在地、进场时间、适用高档酒店还是普通住宅、吸顶灯要符合什么功率、采购量以及付款方式，这些实际上都是标签。当这些标签越清晰时，你会发现不是所有的供应商都能满足要求，哪些供应商能够接受所有条件实现如期供货，也需要根据双边标签去做匹配。这个匹配又会随着一次次深度匹配，变得越来越精准，这样的撮合才能让供应链管理提效。

四是平台化。平台化是数字供应链的价值延伸和演进。当企业实现了标准化、信息化、在线化的路径后，企业应该具备了一定的能力，我们要把这个能力平台化，赋能企业的各个作战组织、分公司、办事处，再往外延伸到行业，让其他企业也共享这个平台化的能力。在企业推进供应链升级的过程中，从交易、寻源、对接、履约、供应商管理、资质认证整个环节做工作。源于对供应链行业复杂过程、简单结果的理解，帮助上游采购企业、下游供应企业做好过程服务，才能实现更好的交易。

在此思路下，广联达平方网为开发单位、施工总包、专业分包、建材企业和行管部门，覆盖从方案选型、采购计划、采购实施、生产制造、市场营销、订单履约与运维服务全链路的业务领域，通过数字招采、智慧营销、行业供应链治理的数字化产品方案，提供包括寻源推荐、招募应募、建库入库、对接洽商、金融服务、检测认证等一系列服务，围绕核心需求让大家做更好的交易、做好双边供应链过程服务。广联达建材智慧营销解决方案围绕工程项目的全生命周期，提供包含精准推广和精准对接两项服务。利用广联达丰富的用户资源，结合大数据技术，通过多个终端，将建材企业品牌与产品信息推广至甲方、设计方与施工方，通过精准供采需求对接为建材企业提供采购需求、拓展人脉、项目资源等。广联达数字招采互联平台面向房地产及其他甲方、施工总包、专业工程分包单位的采购经理、物资经理、项目材料负责人，基于广联达20余年建筑行业服务经验、覆盖上下游的资源积累、大数据技术及平台，解决招采人员在寻源、考察、招标等工作环节遇到的问题。这两种方案，分别服务我们的供方和采方，实现在平台上智能匹配，在合适的场景遇到对的人，做更好的交易，广联达数字供采也会一如既往地帮助双边企业提升数字供应链水平。

以"三化融合"助推企业转型升级

文 / 杨晓东

江苏南通二建集团有限公司
党委书记、董事长

2021年是"十四五"开局之年，国家正式发布了《中华人民共和国国民经济和社会发展第十四个五年规划和2035年远景目标纲要》全文。其中，"数字化"作为关键词在全文出现了25次，"数据"作为关键词出现了53次。不言而喻，数字化建设任务、战略位势和建设内容有了前所未有的提高，数字化必将成为"十四五"时期国家和地方实现创新驱动发展的重要工作抓手。在此背景下，江苏南通二建集团有限公司（以下简称"南通二建"）也深刻认识到数字化转型的重要意义，并将"数字化、平台化和生态化"助推企业转型升级作为当前形势下思考自身战略定位和发展道路的根本出发点。

"三化融合"成为必然选择

当前,我国经济已由高速增长阶段转向高质量发展阶段,正处在转变发展方式、优化经济结构、转换增长动力的攻关期。在不断变化的市场竞争与社会环境中,南通二建越发深刻地认识到企业规模体量、整体实力的快速增长不能掩盖核心竞争力的差距,缺乏过硬的核心技术、拳头产品和创新型的商业模式始终是摆在企业面前、制约发展质量提升的关键问题。在新时期,必须加强数字化、平台化和生态化,以推动高质量发展。

数字化是基础。数字化是实现平台化和生态化的一个基础。数字化和建筑产业的深度融合,会极大地提高建筑产业生产力。数字化技术包括云计算、物联网、人工智能等。这些技术的应用,会改变原有建筑行业的一些老套做法,如整个行业过去碎片式的管理、粗放式的经营等。对企业而言,数字化可以以"数字"链接部门、联动团队、增值企业。因此,数字化对企业而言非常重要,是当下和未来的当务之急。

平台化是支撑。从企业经营的角度来看,平台化就是指通过聚合内外部资源,最终实现多元化、平台化经营的过程。在竞争日益激烈的环境下,建筑企业更要充分考虑整合内外部资源,将企业打造成工程综合服务平台或管理输出平台,提升企业自身竞争力。一是推动产业链、价值链上下延伸,将企业打造成工程服务综合提供商。二是从内部资源着手做"强"总部,重视信息化平台建设,加强项目管理标准化体系建设,提升管理效能。

生态化是未来。生态是实现建筑产业转型升级的核心引擎,沉淀核心能力,赋能生态伙伴,实现个性需求。一是技术赋能,与合作伙伴共享核心数字化技术,共同创建生态化解决方案;二是营销赋能,平台自身成熟的营销渠道和行业资源,助力合作伙伴规模化推广;三是资金赋能,新金融+产业创投基金,推动互联网+建筑领域创新性发展。

"三化融合"助推提质增效

结合数字化转型相关政策趋势以及企业发展实际，南通二建明确了建设"数字化、平台化和生态化二建"的目标，建设了一批如集中支付、集中审批、集中采购等围绕数字集中、资源集中的信息一体化管理平台，通过数据创造价值，赋能南通二建整体转型升级。

一是搭建信息一体化管理平台实现数据资产增值。大数据是永不消失、永葆价值的资产，未来企业之间最核心的竞争就是数据资产的竞争。信息一体化管理平台将切实推动信息管理效率提升和大数据资产的快速积累。在管理方面，实现数据互通共享，初步实现对施工项目全生命周期的管理。通过经营业务、资金管理、税务管理打通，实现四流合一，并对项目收支进行三算对比，对人工费、材料费、机械费、措施费、管理费、利润、规费、税金等进行精准分析，对成本进行预控，对存在的主要风险进行有效的识别和防控。在财务方面，将进一步推进业务、财务、税务一体化融合，使业务系统与财务系统互联互通，最终实现管理的数字化、精细化。

二是强化高质量平台的集聚效应。资源集中度的高低体现企业竞争力的强弱，一切资源只有集中到集团平台形成"池"效应，才能实现有效整合和增值利用。要着力推进人才集中，探索建立体系内人才资源有序流动的管理框架和调配机制，尽快启动标准化人才资源按需流动、综合统筹和调剂功能。要着力推进资金集中，建立大企业应有的资金池，掌握与金融机构双赢谈判的主动权，确保资金平衡的高质量，进一步开发规模资本的运作价值。要着力推进管理集中，通过推进市场集中，快速整合资源，主动对接政府部门、攻关沟通业主伙伴、组织协调竞争对手，全方位牵头事业部参与市场经营，努力确保经营行为步调一致，真正发挥握指成拳的经营势头。通过推进服务集中，加快记账中心建设、加紧商务中心建设、加强技术中心建设等，形成企业的核心战斗力。

三是通过生态化建设实现多方共赢。推进集团股份制改造，优化股权分配、设立进退机制，实施股权机制有序流动；实现内部一体化共享，引导事业部"因企制宜"地继续推进完善项目模拟股份制、项目合伙人制、企业股份制等内部激励机制改革，通过建立企业与项目部的利益纽带，架起项目部与劳务层的利益桥梁，构建新时代新型"企业总部、项目骨干、核心劳务"之间利益共同体关系，形成"责、权、利"高度匹配的共享机制，从源头上激发价值的创造活力；形成外部利他性共享，要以伙伴经济的思维，着力打造平台经济命运共同体、价值共同体、发展共同体，进一步以客户需求为导向，通过全过程优化服务，超越客户期望来成就客户，实现增值共享，要进一步以产业链共赢为导向，及时顺应经营活动中各个参与方利益边界相互交集的大势，构建大集团平台生态系统，全面整合以人才为核心的各类资源，寻求跨境、跨界、跨代产业转型升级，在深度合作中实现共创共享。

搭建数字化平台，聚合资源，实现生态共赢，是每一家企业的必修课。这不仅是国家战略的要求，更是企业适应时代发展的必然选择。未来，南通二建将与行业数字化转型的推动者、践行者、使能者共同努力，重塑中国建造核心竞争力。

践行数字化发展要义　设计大有所为

文 / 靳 江

中建华夏国际设计有限公司总经理

我们国家已经实现了第一个百年奋斗目标,在中华大地上全面建成了小康社会,确立到21世纪中叶,要建成富强民主文明和谐美丽的社会主义现代化强国。在"加快数字发展、建设数字中国"的大形势下,作为国民经济支柱产业的建筑业,也是数字化转型的主力军。

进入数字化时代,建筑业企业首先要转变传统思维,几十年来延续的高投入、高产出的非集约化的思维和发展方式亟须转变升级。建筑业要实现高质量发展,特别要抓住当前新基建的历史机遇,同时深挖数字建筑潜能。不同的行业、企业应立足自身实际情况,从各自角度、定位、方式深挖数字建筑潜能,搭上数字建筑班车，在顺势而为中提升企业跨越式发展，助力整个建筑业的高质量发展。

行业数字化转型的挑战

建筑企业数字化转型，首先是观念要转型，其次是意识要到位。观念改变了，如果意识不到位，认识不到这是机会，是企业发展的新机遇。观念有了，意识到位了，还要保证技术能力达标，能够支撑想法的实现。归根结底在于人，第一是人的认识到位。

建筑行业有其自身特点，全产业链长、投资大、建设周期长。同时还有一个最重要的特点：一个项目在一个生产周期内只生产一个产品，它是孤立的，这样特别容易形成信息孤岛，不容易横向联结。纵向来看，由于历史体制沿袭及长期采用传统的数据处理与管理方式，普遍缺乏同一的系统性、全局性、标准性的顶层设计管理，即使是同一个项目，不同参与方之间也难以进行顺畅的"互联互通"，导致信息孤岛林立。而信息孤岛形成后，是难以打破的。可以说，这是目前整个建筑行业客观存在的一个非常现实的问题。现在我们拥有很多资源，就像拥有煤或石油，但燃烧值不够，没有很好地去转化成其他能源。在建筑业长期发展过程中，我们的各种实践很丰富，却没有物尽其用，因为每一个建筑都是唯一的作品，孤立地存在，如果打破壁垒，对这些海量数据进行收集、整理、清洗等形成公开的大数据，应用于新项目或指导后续工作，才是理想状态，也是数字化将要实现的价值所在。当然，这种现实问题的存在不仅是技术问题，还与体制、制度等相关。

另外，我们需要重视的是建筑行业企业多，发展水平参差不齐。有的可能已经到了工业4.0阶段，有的还在工业2.0时代，差距非常大。同时，地域差距大，这些都是行业数字化转型需要面对的问题。

企业数字化的关键要点

在我看来，建筑企业发展的关键之一是要注重客户体验，这里包含两个方面：一是通过数字化技术提升客户体验；二是敏锐感知客户需求。在数字建筑中，通过虚实映射的数字孪生，实现全过程、全要素、全参与方的数字化、在线化、智能化，为客户提供可视体验，显示即实现，显示即控制，显示即可比选，通过数字孪生实现建造全过程的可视化，支撑领导智能决策，降低决策成本，缩短决策周期，是一种全新的客户体验。

在提供可视化体验之外，应用深度上要继续延伸，比如如何通过数字孪生实现项目的精细化管理，控制项目的完成度，如质量、效果、进度、成本等。在应用宽度上，实现由项目到建筑群到城市的不同需求。应该说，不同的项目对虚拟数字工作量要求的数量级是完全不同的，比如在城市层级，我们对整个城市进行估算，数据显示到每栋楼的数量级，以亿为单位就可以了；如果继续精细，对城市的控制达到概算的程度，那就是以千万为单位；如果再精细达到预算程度，通过数字孪生使造价控制到预算程度，保证以后的投资精细度，那可能就到百万元、十万元的精度，对数字建筑而言，这个数量级可能是几何级数的增加，由此带来的难度，对硬件还有软件各方面的技术要求都是几何级数的增加，这是一个非常大的挑战，也是数字建筑的潜力所在。

同时，客户的需求无时不在，要敏锐感知客户需求，数字建筑的魅力也在此。如果说数字建筑前两个阶段实现的是协同，第三个阶段就是创新，至于如何创新、是哪些方面创新、通过什么模式创新，这些要根据各自的情况深入思考。最主要的是要敏锐感知客户需求，将客户需求演变成你的思考，进而演变成你的产品，这个周期要快，当然，数字建筑为这个过程提供了数字化环境。

另外一点就是需要关注建筑行业自身技术的数字化转化。建筑业施工技术经过西方工业革命，从美国建造第一座混凝土摩天大楼开始，到进入现代建筑阶段以来，施工技术的发展和进步有目共睹。目前已经非常成熟。尤其是经过近些年的快速发展，我国取得了前所未有的成就和发展，整体正在接近发达国家的水平。面对数字化浪潮，我国施工技术如何进行数字化转化，包括工艺工法等如何数字化转化，这些都是摆在我们面前很现实的课题。

数字化中的企业实践

在数字化大潮中,作为建筑业数字化龙头的设计企业责无旁贷。我们自身比较重视数字建筑在设计领域的应用,特别是客户体验、自身产品转型升级,以及设计院自身的数字化建设。

首先是人的问题,也就是数字化转型对数字化人才的需求和塑造,人才梯队的建设必须服从时代潮流,当代的人才梯队建设要打上数字化的烙印。企业在建设人才梯队和进行人才储备时必须重视数字化意识的培养,改变人的观念,要给他树立一个很好的意识,让他善于发现、具有洞察力,接下来才是利用他掌握的专业技术结合他的观念和意识,在发现问题的基础上形成新的生产力。目前,我们在强化设计协同,针对二维、三维协同分别确立了协同目标;强调正向BIM率,在实战中,要求正向BIM率达到20%,力争30%~40%。在当前比较短的设计周期内,这个比例还是很难做到的,但是一直坚持在做,目的就是在数字建筑方面要有自己的心得,拿到第一手资料,通过这个过程,发现问题和可取之处,掌握数字化应用真知,形成属于自己的数据资源。

在硬件设施方面,目前我们也在进行数字化设计院建设,包括所有的分支机构在起步之初就将数字化建筑设计院与数字化产品紧密结合,而不再用传统方式去建一个新的分支机构,若干年后再去进行数字化升级,这也是我们现在的一些尝试。

数字化转型是大势所趋,也是第二个百年发展的一个关键所在,乘数字化之风,设计企业将大有所为。

数字技术将成为新一轮产业革命的基础设施

文 / 付卫国

广联达科技股份有限公司助理总裁
基建解决方案部总经理

人类社会发展进程中，每一次产业技术革命都伴随着新型基础设施的兴起。数字经济时代，数字技术正逐步成为下一代产业革命的基础设施，深刻而广泛地影响社会发展的方方面面。作为我国国民经济支柱产业，建筑业顺应时代潮流，正积极投身数字经济的蓝海、探索数字化转型升级。打造数字项目，推动新基建和传统基建融合，已经成为传统建筑业实现二次腾飞、推动高质量发展的不二选择。但数字基建机遇与挑战并存，更要把准方向、找好方法，以"时不我待、只争朝夕"的劲头，完成历史赋予的时代命题。

乘数字化东风，抢占发展制高点

近年来，我国数字经济蓬勃发展，新业态、新模式层出不穷，对推动经济转型升级、满足人民日益增长的美好生活需要发挥了重要作用。"打造数字经济新优势""加快推动数字产业化""构筑美好数字生活新图景""加快数字社会建设步伐"……"十四五"规划纲要勾勒出我国数字经济发展的宏伟蓝图，为数字经济发展指明了方向、注入了动力。

为实现高质量发展目标，国家提出"力争2030年前实现碳达峰、2060年前实现碳中和"的双碳目标，指向质量变革；提出"交通强国"战略目标，指向效率变革；部署国有企业数字化转型，指向效益变革。从政策层面看，国家正在下一盘大棋，那就是加快数字经济发展，推动"数字中国"建设。

建筑产业也在政策驱动下积极抢占未来发展的制高点。当下，越来越多的高校开设了智能制造专业。这一专业实际上是土木工程与计算机专业结合的产物，是建筑产业数字化转型升级的一个缩影，更是时代发展的一角注释。作为传统行业，国家近年来对基础设施行业的政策明确指向了数字化：2017年，《国务院办公厅关于促进建筑业持续健康发展的意见》（国办发〔2017〕19号）提出，"加快建造智能设备、BIM技术的研发、推广和集成应用"；2019年，《交通强国建设纲要》提出，"加快数字化发展，提升基础设施建管养运效率""实施工程建设工厂化生产、装配化施工、标准化建设"；《住房和城乡建设部等部门关于推动智能建造与建筑工业化协同发展的指导意见》（建市〔2020〕60号），要求建造全过程加大BIM、互联网、物联网、大数据、云计算、移动通信、人工智能等新技术的集成与创新应用；今年，《国家综合立体交通网规划纲要》明确提出到2035年交通基础设施数字化率要达到90%以上。

一系列数字化政策的背后，是国家坚定推进数字化转型升级，打造"数字中国"的决心和信心。"交通基础设施数字化率达到90%以上"的行业目标，意味着未来的基础设施不管是高速公路、铁路，还是地铁、市政等，都将是一个数字化的基础设施,这将是一幅难以想象的场景,就像过去十年无法想象现在的生活一样。

高质量发展是我国"十四五"经济社会发展的主基调,更是建筑产业中长期发展目标和趋势。从宏观层面看,绿色发展将推动我国从速度经济转向以"创新、协调、绿色、开放、共享"为核心的高质量发展阶段,产业结构从资源/劳动密集型转向技术/知识密集型,产品结构从低技术含量/附加值转向高技术含量/附加值,经济效益从高成本/低效益转向低成本/高效益,生态环境从高排放/高污染转向循环/环境友好型。从微观层面看,建筑安全、质量水平全面提升,建造过程中劳动生产率明显提高,能源、资源消耗和污染排放大幅下降,"多、快、好、省"的建造方式让建筑产业迸发新活力。

"三元世界"大大增强人类改造世界的能力

纵观人类发展历史,每一次产业技术革命都伴随着新型基础设施的兴起:一次产业革命,一代基础设施。每一次产业技术革命大约经历60年的时间,前30年为安装期,后30年为拓展期。始于20世纪70年代以Intel微处理器为代表的第五次产业技术革命已经过去了五十多年,渐进尾声,数字远程通信、互联网服务、多种能源、高速物流运输系统推动时代狂飙突进。在当下,数字技术日新月异,"数据+算力+算法"所构建的通用技术平台正在引领新一轮的产业技术革命,数字技术将成为新一轮产业革命的基础设施。我们这一代人恰逢这一轮产业技术革命的安装期,未来的10～20年,毫无疑问将面临诸多困难和挑战,经历转型发展阵痛,但这个时间节点恰恰为后30年的拓展期打下坚实的基础。前路坎坷,但又前景光明。

未来,数字技术将彻底打破"二元世界",推动社会进入"三元世界"。身处二元世界,任何基础设施、单体建筑都是人们从意识层面直接改造物理世界,未来的"三元世界"将是数字时代基础设施里面的基本形态。"三元世界"指意识世界、数字世界、物理世界,人们意识世界的理念和方法将首先在数字世界实践一番,以低成本试错对方案不断优化调整,然后通过数字驱动作用于物理世界。"三元世界"相互促进、共同进化、共生发展,让人们认识世界和改造世界的能力大大提升,成本大幅降低,速度显著提高,进一步提高了人们改造物理世界的效率与进程。

基于"三元世界"的运作逻辑,可以深刻透视出"二元世界"基础设施建造的痛点和隐忧。跨时空调度既是基础设施监管与调度的核心业务场景,也是难点和痛点。具体到一个工程项目,项目公司、标段、固定厂站、施工现场是4个完全不同的空间。"四度空间"彼此割裂,远程管控、资源配置、协调交互、实时反馈、工序监控等方面难度大,严重抬高了成本、压降了效率。

那么数字化进程中,数字技术改变的到底是什么?答案是连接。衡量连接效率的终极指标是网络密度。从整个商业进化的动力来分析,原始社会靠山吃山,网络密度为0;小农经济男耕女织,网络密度上升到5.1%;线段型商业文明阶段,要致富先修路,网络密度为12.5%;中心型商业文明阶段,四通八达,网络密度为17.6%;当下是以城市圈为代表的去中心型商业文明,网络密度也仅为24.3%;未来数字中国将是全连接型商业文明,网络密度为100%。可以看出,商业进化本质上是连接的增强。连接不仅是商业进化的动力,也是基建行业进化的动力。

传统的基础设施行业面临诸多发展瓶颈,项目的利润率很低,不少项目处于亏损状态,质量、安全风险难以有效监控和杜绝,进度、投资失控现象屡见不鲜。深刻分析其根本原因,不在于人才不足、机制不灵,最根本的是对信息的未知。由于天然的物理隔绝导致信息传递流程长,不能第一时间获取,信息衰减、失真、价值低,从而进一步影响决策。当下,经验主义依然是主流,拍脑袋决策更加司空见惯。

产业各方期待"多快好省"地完成项目,不仅要实现高效集约化管理、大幅度缩短工期,还要交付精品级工程、精益建造增效益。"数字化"是解决"对信息未知"、助力企业实现"多快好省"的最优解。实现决策数字化,需要"空间+建筑实体数字化""管理过程数字化""生产要素数字化"

三个方面的支撑。这一过程也正是新基建和传统基建的融合点，两者深入融合打造数字项目。利用新基建涉及的新技术，包括 GIS+BIM+ 云大物移智等相关技术，通过对项目的实体数字化、施工要素（"人机料法环"）的数字化以及项目全过程的数字化，实现对项目现场作业的可控、项目指挥的高效及决策的精准，从而推动项目降本增效。

数字指挥调度平台透视现场　传承智慧

纸上得来终觉浅，绝知此事要躬行。建筑产业的数字化转型更需要在实践中摸索、总结。考虑到基础设施项目的特点，解决跨时空调度的难题关键是搭建基于数字孪生的基建工程数字指挥调度平台，提供基于场景化的数字化解决方案，基于统一标准的数字化支撑平台以及基于业务领域的数字化应用和产品，如此才能从整体上解决项目所面临的具体问题。

数字指挥调度平台的价值就在于提升调度效率、减少资源浪费、避免工期延误。调度方面，可以借助 GIS+BIM+IoT+AI 等数字技术，详细了解资源配置、施工现场、施工进度的有关情况，助力项目调度可视化。监测方面，盾构机、龙门架、塔式起重机、架桥机等大型设备通过数字化模块实现互联，助力安全和质量监测实现智能感知。决策方面，"项目大脑"可以进行质量数据、环境监测、安全检测、物料成本分析，辅助项目管控实现科学、高效决策。

举例来讲，如某高速公路项目，项目经理办公室墙上都挂有一张施工图。由于施工现场在几十甚至上百公里以外，每天都要有工作人员从现场技术员那里收集进度情况，在施工图上详细标注哪个项目完成、哪个项目有偏差。耗费大量时间和精力，信息有时候也存在滞后。那么，数字化如何解决这一问题？BIM 技术在行业内已经得到广泛应用，利用广联达已有的 BIM 软件，直接将核心构件内置进去，结合工程进度，就能自动形成数字化的进度表达。此举不仅省时省力，还能降低大量的研发成本。

再如施工现场风险识别，传统的管理模式停留在纸面上，很大程度上依赖施工人员的责任心和敏感度。数字指挥调度平台将风险识别与GIS结合后,在位置上通过数字化表达,如果施工人员邻近风险区,一目了然。

此外,数字指挥调度平台还可以综合利用无人机、执法记录仪、固定摄像头等一系列连接设备构建无死角的数字化现场,让施工现场尽收眼底。管理人员在项目指挥调度中心或办公室,通过电子屏即可随时了解现场动态。

凡此种种,皆是数字化价值所在。数字化透视了施工现场,更传承了智慧。众所周知,伴随着数字经济发展,数据已经成为新型生产要素,"千人千面"的市场理念,正是依赖数据来支撑和驱动的。因此,数字化现场背后最宝贵的财富就是数据,点滴的数据积少成多,形成数据资产,为决策提供参考。如通过分析今天各作业班组的人机投入,掌握劳动效率,就可以决策明天投入多少人员和机械最为合理,最大限度地提升资源配置效率。

未来"中国建造"的科技含金量将更高

理想很丰满,现实很骨感。数字化的场景令人心生向往,但数字化转型之路却不容易,产业各方必须一步一个脚印地稳步前行,必须重新审视企业自身的需求,进一步梳理项目主次,按照不同项目分类施策。大型项目要深化应用推广,通过组织赋能提升项目工作效率;重点项目要全面应用试点,通过管理创新引领企业持续发展;中小项目要推广基础应用,通过管理规范加强现场风险防范。建筑企业唯有坚持创新、务实两轮驱动,在试点、推广、提升中不断实现螺旋式上升,在应用场景主次有序上推动应用成熟,才能真正实现企业及行业的跨越式发展。

尽管建筑产业数字化转型不可能一蹴而就,但仍有一些领军企业已经先人一步,在行业内建立起核心竞争优势。例如数字建筑平台服务商广联达在业内首倡"数字建筑",近年来更是持续完善数字化转型升级顶层设计,依托雄厚的研发实力,积极推动新技术实践落地。最令人欣喜的是广联达拥有独立自主知识产权的图形平台,物联网、BIM、GIS、人工智能、大数据等数字技术应用方面更是走在行业前列,一举打破了国外软件卡脖子的问题,让

"中国建造"的科技含金量更高。

作为一名土木工程专业出身的建筑人，虽然离开工地现场加入广联达十几年，但是我感觉从未离开过这个行业。我坚信，新基建与传统基建的深度融合，一定会让行业的未来越发美好，让每一个建筑人都有成就感、幸福感、荣誉感。同时，相伴随数字经济的蓬勃发展和数字技术的广泛应用，也一定会有更多建筑企业脱颖而出，顺利完成数字化转型，登上世界建筑的舞台。

工程咨询企业长效增长路径

文/潘 敏

开元数智工程咨询集团有限公司
党委书记、董事长

万物互联的智能世界正在构建,数字化技术正在向各行各业纵深发展。发展出题目,改革做文章,新基建、全咨服务标准等相关政策相继出台,工程咨询企业如何抓住政策发展的风向标,迎接市场的巨大变化?数字化驱动、创新运营如何重塑工程咨询行业?企业如何在多变的市场环境中保持长效稳定增长?

毕业之初,我做施工现场管理,后来自学工程造价专业。我认为工程造价专业能够涵盖建筑领域的各个专业。那时我将工程造价专业管理作为我未来的发展方向。后来,在开元咨询成立和发展的过程中,全过程咨询一直是公司的重要业务之一。我们一直做专、做强、做精造价咨询版块,2007年就做了全过程造价咨询业务。2014年,根据国家一些形势上的调整,当时预判项目管理和全过程工程咨询会是非常好的一个市场,再加上我们本身有全过程造价咨询的基础，做全过程工程咨询比较容易。基于此，做了战略规划，把专注造价咨询调整为"一站式工程管理咨询服务商"的战略定位。我觉得一定要为客户创造价值，不仅是在造价版块为客户创造价值，更多的是为项目增值，为项目成功保驾护航。

之后我们陆续收购了会计事务所、BIM咨询公司，成立监理公司，并于2018年收购了攀枝花设计院，目的是为打通全过程工程咨询产业链提供技术支持。造价、项目管理最终还是要靠技术来支撑，收购了设计院、整合产能之后，就实现了全过程工程咨询。

全过程工程咨询的人才战略

实际上任何一个企业成功的核心竞争力就是人才竞争。在这方面，我们采取了很多方式：一是2015年成立了开元建校，为开元咨询内部输送人才、培养人才，让他们在专业度方面得到提升。我们有很多战略合作单位，我们为他们梳理了一套完整的、标准化的服务体系，如"三纵一横"培训课程体系，三纵包括基础工程师训练营、项目经理训练营和总经理训练营，一横是大客户的服务体系。二是采用传帮带的模式，以实战带项目。项目经理要培养工程师，培养出大工程师以后，项目经理才能升任高级项目经理。这样让他们在成长过程中产生链条，对人才培养很有帮助。三是成立了企学院，为行业输出更多的人才。需要说明的是，并不是开元建校培养的人才就只为开元服务，人才流动是很正常的。在我看来，培养出来的人才在开元为开元服务，离开开元是为社会服务，所以一定要有大爱的精神。

工程咨询企业的数字化探索

大数据、人工智能这些新兴科技已广泛应用到实际工作中。这个时候一定要抓住机遇，直面挑战，变革是关键。在2020年年会时，我提出了"数字驱动、科技引领"的理念，即利用数字化帮助工程咨询行业提升高度，数字化是提质增效的有效措施。现在，时代在变革，一定要更新形式，同时要打造全过程工程咨询，要借助三方平台实现"数字驱动、科技引领"这个目标。

数字驱动、科技引领的内涵主要体现在以下三个方面：

一是"夯基础"：要把基础的责权体系梳理清楚，包括内部培训和提高管理水平，也就是练内功。特别是出现新冠肺炎疫情以后，更能体现这点。年初任务不饱满时，正是夯基础的重要时机。这时，我们要加强培训。

二是建标准：开元咨询有一些内部标准，同时也要建立一些标准化流程，包括大客户的服务体系。实际上，对万科、华润、保利、龙湖这些服务多年的大客户，我们的标准化咨询服务是很到位的，即使新员工进入项目，也知道自己应该怎么做。建标准也是提质增效的有效措施。

三是搭平台：咨询行业和咨询企业要实现平台化运营。其一是因为企业的运转离不开数字化驱动和科技引领，企业需要重视新技术、新科技的应用，使日常运转具有更好的抗疫能力。其二是因为企业内部价值链重构的需要。大型企业必须有高度的生产力发展，要调整生产关系与相应的适配性。在新技术的影响下，工程咨询内部已经形成新的生产关系，也就是平台化运作，通过数字化管理，实现平台化的战线作业系统。

我们建立了前台、中台、后台的工作模式。开元咨询为每位开元人提供一个实现自我价值的平台。可以想象，今后公司总部除了保证管理职能，设有一些职能部门以外，其他的基础员工就可以远程办公或者移动办公。以事业部、分公司项目部的项目作为前台，共享作业中心的算量基础工作作为中台，数据信息化研究院作为后台，实现前台、中台、后台的模式。

在数字化转型过程中，前台、中台、后台的高效配合是至关重要的。首先，从2020年开始，我们从事业部和分公司剥离了一部分基础员工，成立共享作业中心，目的是让基础作业系统更专业、更专注。细分专业度，让服务质量能够得到更快速的提升。同时，以项目经理为基础，让部分工程师作为现场事务方。过程控制包括现场管控相关人员可以精减，为客户提供更加精准的服务。最后后台以研发和信息中心为依托，建工作模板、标准，为前台输出成果文件，包括大数据和材料数据库。它为前台提供基础数据工作，为前台服务工作提供更快速的反应支撑，最终形成前台、中台、后台的全价值链的工程，为客户创造更多价值。

咨询企业的未来发展

2020年，《住房和城乡建设部关于修改〈工程造价咨询企业管理办法〉〈注册造价工程师管理办法〉的决定》（中华人民共和国住房和城乡建设部令第50号，以下简称"50号令"）发布实施，市场化改革的步伐在加快，咨询行业准入门槛和资本运作的限制在降低，不少企业管理者担心国有资产的进入，也担心国外一些大型咨询企业的进入。

50号令出台实际上是简政放权的有效手段和措施，也是促进行业健康发展的有效手段。其中关键点在两个方面：一是废除了"双六十"，也就是资本市场可以进入这个行业；二是造价师的人数（要求）降低了，实际上也催生了很多新的咨询公司。目前，全国咨询企业有上万家，已经产生大重组、大合并，成立新的咨询公司，为平台公司提供专门服务。同时有些大型总包企业也成立了相应的造价咨询企业，还有监理企业，也就是招标代理、造价、监理、设计院、平台公司业主都在成立相应的造价咨询企业。这个时候要正确看待这个行业的发展。

兼容并蓄　相时而动
数字赋能造价行业数字化转型

文 / 只飞

广联达科技股份有限公司
高级副总裁

当前中国建筑业进入重大的改革调整期，"十四五"规划和2035远景目标纲要、《国务院关于深化"证照分离"改革 进一步激发市场主体发展活力的通知》（国发〔2021〕7号）、《住房和城乡建设部办公厅关于印发工程造价改革工作方案的通知》（建办标〔2020〕38号）等对工程造价领域市场化改革方向做出重要指示。同时，新一轮科技革命也在同步深入发展，BIM、云计算、大数据、物联网、移动互联网、人工智能、区块链等数字技术发展迅猛。传统的工程造价管理模式如何转型升级，以适应市场发展的需要，是摆在我们面前的重大课题。

审时度势　时代决定选择

工程造价天然就是一个与数据深度结合的行业。身在大数据时代，万物都是用数字来呈现的，没有人能够逃脱数字技术的冲击和颠覆。工程造价贯穿于工程建设的全过程，在市场化改革背景下，具有广阔的产业数字化发展空间。

工程造价改革的重点有两个：第一取消了工程造价资质资格的认定；第二政府不再颁布预算定额，而且不以定额作为招投标的最高限价。面对给全行业带来巨大转变的市场化改革政策和快速迭代的技术手段，如何在这场市场化改革挑战中育新机、于变局中开新局成为摆在每一位行业从业人员面前的重大课题。

工程咨询行业的竞争，其核心竞争力是人和数据，要提高工程咨询企业特别是工程造价人员全过程管理的业务技能和素质水平，适应整个数字化发展的需求。同时，要发挥数字化的作用。如今我们的改革必须与社会发展相适应，通过数字化转型升级不断赋予改革新的动力。

超前布局　具备数字化思维

当前数字化转型进入深水区，对行业中的每个人来说都是知易行难。工程造价行业的数字化转型是复杂的，需要每个造价行业管理部门、每家造价企业、每个造价人共同参与，要集全行业集体的力量和智慧，维护战略合作伙伴关系，深化全新的数字化战略，协同推进行业数字化转型升级。

数字化技术是关键，保持对行业的持续关注和深耕，才能将技术应用与业务需求相融合。当前，数字技术融入核心业务场景，行业新生态不断涌现，例如，华为每年投入大量的技术研发，搭建智能连接的数字化平台，并携手业内伙伴，协同打造聚焦企业核心业务需求的场景化解决方案。工程造价行业也需要全行业大力探索云、大数据、AI 等数字化技术，搭建符合需求的数字化平台，提供更多的业务场景解决方案。

此外，没有数字化思维上的布局，就不会有数字化资产的积累，也就不会有数据应用的经验沉淀，更无法培养实现数字化技术、数字化服务的关键人才。在数字化转型中，拥有数字化思维是基础，一是要意识到数据在行业转型中扮演着基础性的角色，二是要拥有识别关键业务场景需求的能力，理解业务变革对行业的影响。

相时而动　成为数字化行动派

习近平总书记提出："世界正在进入以信息产业为主导的经济发展时期。我们要把握数字化、网络化、智能化融合发展的契机，以信息化、智能化为杠杆培育新动能。要推进互联网、大数据、人工智能同实体经济深度融合，做大做强数字经济。"市场不确定因素增多，数字经济也正在影响着世界信息产业格局的变动，数字化技术、数字化管理理念等数字经济新动能层出不穷，过去浅尝辄止的数字化正在被深层次、深领域的数字化转型所取代。

聚焦工程造价领域数字化转型，基于数字化技术，支撑数字化应用落地，全行业共同推出《数字造价管理2021——释放数据新动能》。秉持"业务牵、科技引"形成融合创新范式，通过结构化、在线化、智能化，助力实现智能化市场定价、数字化精细管理、数据化精准服务，驱动造价管理工作全面落地。

实现数字化应用，发展数字化管理是大势所趋。对内强己、对外共赢、赋能行业——数字化转型是"一把手"工程，需要政府联动企业、联动每个造价人，自上而下地推动，研判改革走势，及时调整发展策略，才能真正实现数字化转型。政府行业管理部门，需要为行业提供高效化、数字化的服务；咨询企业需要建立企业数据体系和平台，创造更多的行业价值；造价从业人员需要实现更智能化的业务场景。

工程造价行业的"新风口"已经形成，需要全行业聚力蓄能，突破数字化转型障碍，把数字化转型分解成一个个小的里程碑，带动整个上下游产业链的同频共振，打造更加广阔的行业数字化空间，有力推动数字经济迈向高质量发展！这是行动者的时代，也是最好的时代！

与时代共舞　在数字化浪潮中打造核心竞争力

文 / 邵占广
中庆建设有限责任公司董事长

　　时序轮替中，始终不变的是奋进者的身姿；历史坐标上，始终清晰的是创新者的步伐。当前，世界正在进入以新一代信息技术为主导和引领的新经济发展时期，数字经济席卷全球，特别是新冠肺炎疫情暴发以来，全球产业加速向数字化过渡，数字经济正在成为重塑经济体系和提升治理能力的关键力量。大到产业，小到企业，都应顺应历史潮流，积极投身数字化转型，以创新为要、与时代共舞，在历史的浪潮中摸爬滚打，构建核心竞争力，实现再辉煌。

紧跟行业发展大势　推动业务转型和管理升级

　　从来没有所谓成功的企业，只有与时代共舞的企业。与时代背道而驰的企业，时代抛弃它时连"再见"都不会说。翻阅世界经济史，会发现有很多曾经渺小的企业搭上历史的"顺风车"，做强做大；也有很多曾经伟大的企业逆势而为，被时代无情抛弃。

企业若与时代脱钩，发展必将遇阻。正是基于这样的认知，中庆建设有限责任公司（以下简称"中庆建设"）始终选择紧跟时代、拥抱时代，与时代共发展、同进步。

中庆建设成立于2004年，是一家集投资、设计、建设、运营于一体的全产业链发展的大型民营企业集团。成立以来，中庆建设将"建设·成就美好生活"作为企业使命，将"中国知名基础设施工程总承包商"作为发展愿景，围绕大建筑产业实施多元化发展。当前公司拥有建筑行业、风景园林、市政行业等多项甲级设计资质，拥有市政、房建、公路总承包一级及多项专业承包资质，主要业务涵盖市政桥梁基础设施、地铁和轨道交通、工业与民用建筑、公路工程、城市综合管廊、园林景观、水生态和流域治理以及城市维护运营等领域。

回顾多年风雨历程，从创业时几个人的施工队伍发展到今天的现代化集团公司，主要得益于环境、主业、组织、人才四方面力量驱动。环境方面，中庆建设成长的16年正逢中国经济大发展的16年，更是建筑业大发展的16年，中庆建设在建筑市场大潮中顺势而为、勇立潮头，始终把握正确的大方向，以客户为中心、以市场为导向，坚持"诚信为企业之本"不动摇，才有了今天这般光景。主业方面，中庆人始终耕耘大建筑领域不离左右，坚信唯有专业化才能生存的基本理念，聚焦建筑产品品质，高度专注、精益求精，精细做好每一项工程，以过硬的产品质量赢得诸多客户的信任，在交付的一座又一座的建筑丰碑中缔造了中庆的企业品牌。组织方面，中庆建设以不断迭代更新与时俱进的战略为引领，不断优化管理机制，持续夯实管理基础，尤其是借助科技力量不断推动企业管理水平升级，流程化、标准化、信息化和数字化的举措相继实施，持续推动管理水平迈向更高台阶。人才方面，中庆建设始终坚持一个平台、一所学校、一支军队、一个家庭的文化主线，努力打造一个开放、包容的内外部合作平台和创业发展平台，与社会、合作伙伴和员工实现共赢。

中庆建设的每一步都有时代的印记。在当前以供给侧结构性改革为主题的经济发展大格局下，建筑业整体"供给"水平亟待提升。建筑产业走向现代化实质就是产业"供给"的升级：设计数字化、生产工厂化、施工装配化、工程一体化、管理信息化、数字孪生化新模式、新业态蓬勃发展；建筑施工从传统走向智慧、绿色、精益、协同；数字建筑成为驱动建筑业发展的核心理念；BIM技术日新月异，应用价值持续深化与释放；新材料、新设备、新装备层出不穷；建筑工人开始走向职业化；企业、项目和人员信用管理、供应链金融等要素渗透进来，助推"供给"水平提升。

近年来，中庆建设十分注重这些新理念、新模式、新技术、新金融等要素的理解与导入，紧跟国家和行业发展，服务建设主航道，不断蜕变，助推业务转型和管理升级。与业界顶级的科技公司合作，在公司各层级持续推进信息化、数字化应用，内控效果、流程化与标准化、数据驱动业务等理念落地逐渐见成效。与多家行业知名机构及高等院校建立战略合作，成立技术研发中心，大力开展研发、咨询工作，技术创新不断取得突破，形成多项国家级和省级工法、发明和实用新型专利，并主编、参编多项国家标准、行业标准和地方标准。集团旗下多家核心企业先后通过"高新技术企业"认定。

针对"双碳"战略，中庆建设也在联合业界合作伙伴积极行动。《中共中央 国务院关于完整准确全面贯彻新发展理念做好碳达峰碳中和工作的意见》《2030年前碳达峰行动方案》发布，党和国家对碳达峰、碳中和的总体部署正式落地。建筑业是排碳大户，既有建筑650亿平方米排碳总量占比已超过20%，建筑耗能占整个社会耗能50%，碳排放比例超过基准35%，控碳是行业可持续发展的必然选择。

推进绿色建筑是主要出路，其中建造方式采用绿色施工是关键举措，在施工中绿色建材又是最重要的要素。同时，建筑行业的信息化水平长期落后于其他行业，要实现建筑业的"双碳"目标，必须依靠建筑信息化技术、建筑智能化管理技术提升。数字技术的应用会优化管理、提高效率，有效降低生产消耗，达到减少能源消耗的目的。同时，数字技术能够有效监测、分析和管理碳排放，也是实现"双碳"目标的关键。

十多年的风雨历程让中庆人深刻明白了一个道理：企业要发展壮大，就必须与时代共舞，让时代之光照耀企业每个角落。

推动业务转型是数字化转型的核心目的

以物联网、云计算、大数据、人工智能为代表的新一代信息技术凝聚的磅礴之力为传统的建筑产业描画了美好的蓝图。在数字经济浪潮汹涌的今天，加快推进产业数字化转型升级已经成为业界共识。

数字化转型主要是通过数字技术的深入运用，构建一个全感知、全连接、全场景、全智能的数字世界，进而优化再造物理世界的业务，对企业传统管理模式、业务模式、商业模式进行创新和重塑，实现业务成功。其本质是业务转型，同时也是一次破坏性创新的过程。数字化转型是信息技术驱动下的一次业务、管理和商业模式的深度变革重构，技术是支点，业务是内核。

所以说，推动业务转型是企业数字化转型的核心目的，提升企业核心能力是数字化转型的本质，实现"业务线上化"和"数据驱动业务"是数字化转型的两个目标。业务线上化就是把整个业务信息流、物流、资金流和数据流都在线上体现，用线上数据驱动线下作业与管理；如同导航系统的应用，未来施工作业都将由线上驱动线下方式进行。数据驱动业务就是打造数字化企业，以数据支撑管理行为，通过数据管理全过程；传统企业靠人驱动企业经营，数字化企业由数据驱动企业经营，人变成数据驱动业务的执行者。

经过十多年的发展，当前中庆建设主业范围不断扩展、产业链条不断拉长、全国布局的发展战略不断落地，管理问题也日益突出，借助数字化解决企业和项目管理问题已迫在眉睫。

当前中庆建设面临的主要挑战有四个：市场端的有效经营、项目端的高效交付、企业中台的转型创新、企业后台的卓越运营。市场端的核心要务是"接好活",更好地连接更广泛、更优质的业主客户资源,并让客户在合作全程都有更好的体验是努力的方向;项目端的要务是"干好活",即实施更高水平的业务流程化、作业标准化和管理规范化,实现多方协同,尤其是劳务和供应链协同,同时利用公司内外、历史与现在的行业信息与知识为项目服务是关注焦点;企业中台的要务是"能顶事",企业越大越要有强大的腰部力量,如企业定额与指标、生态伙伴的连接、各类知识沉淀、管理标准等如何更好地随用随取,如何更及时地把服务投放到市场和项目一线作战场景中;企业后台的要务是"资源池",其中财务、人力、IT与数字化、行政服务、品牌服务等如何更进一步提升"厚度"和能力,进而实现企业的更卓越运营。

认准方向,就要勇敢去闯。中庆建设将数字化转型定为企业发展战略落地的核心举措,制定了数字化转型的三年规划,明确了转型的"1234"基本框架。

"1"就是数字化转型战略。其内涵包括两个层面:使命层面就是"让中庆参与的每一栋建筑因数字化应用而实现产品(用户)和管理(建造)上的成功";愿景层面就是"借助数字化技术,让客户更满意,让建筑产品更智慧,让中庆更美好"。

"2"是两条主线,即业务重构、平台赋能。业务重构的关键是业务在线化、数据驱动,重构市场、技术、生产、商务和交付等业务管理方式。平台赋能主要包括业务线上化和数字孪生理念的落地,具体体现在三个方面:一是项目管理数字化,要聚焦施工现场,将项目要素数字化,通过数字项目管理系统保证及时、准确地反馈现场业务的真实情况;二是企业管理数字化,推动流程驱动向数字驱动转变,将管理要素数字化,打造企业数据中台,挖掘数据价值,提高企业管理能力和风险应对能力;三是产业协同数字化,通过企业及项目数字化平台应用,逐步向产业上下游延伸,逐步探索形成集中采购、劳务用工、机械租赁、运维管理等数字平台。

"3"是三个原则,即战略与执行统筹、业务与技术双轮驱动、自主与合作并重发展。战略与执行统筹,就是要处理好构想与现实、远期和近期、总体与局部、宏观与微观、继承与创新等各方面的关系和平衡,既要自上而下地将战略逐层解码,找到行动的目标、路径、关键要素等,进而指导具体的数字化转型进程,又要自下而上地将新技术和具体业务场景结合找到价值兑现点,归纳总结经验,进而完善战略。数字化转型驱动力来自业务和技术两方面,从业务视角主动思考转型的目标和路径,将转型落实到具体的业务运作中,找到技术的支撑点;技术给业务带来提升潜力,把新技术的价值释放到实际的业务中去实现业务价值,推动业务持续创新发展。转型成功离不开自主与合作,企业要实现转型的自我驱动,识别和聚焦核心能力,自我提升实现核心能力内化;对非核心能力,以开放的心态,充分利用外部力量,快速补齐能力短板,为自身发展构建互利共赢的生态体系。

"4"是四个关键,即理念文化、能力匹配、机制保障、协同发展。理念文化最主要的是建立数字文化和创新文化,重视全员学习、凝聚全员共识,增强把建筑"项目式"业务转变成"运营式"业务意识,以及构建共生共赢共发展企业生态意识。能力匹配主要涉及全员共识与能力提升,是数字化转型执行保障,能力涉及业务与技术融合能力、数字分析能力等。机制保障主要有组织保障、制度保障、投入保障等。协同发展则要以生态方式构建面向客户的服务系统,吸引更多伙伴协同联动,优势互补,输出高质量的服务。

组织、运营、技术是数字化转型的"三座大山"

相较于其他行业,建筑行业数字化起步较晚、发展缓慢,数字化建设依然任重道远。企业数字化转型面临的障碍与挑战主要在组织、运营和技术3个层面。组织层面主要体现在团队缺少决策自主权、直接预算权,企业最高层管理者未参与数字化战略中,数字化没有融入企业文化,数字化团队关键位置没有安排合适人选等。运营层面主要体现在过于依赖传统烦琐的流程不愿精简,缺乏企业范围内的数字化预算的监督,各部门独立推进数字化建设等。技术层面则是为保存原有的基础设施而不进行数字化转型，内部缺乏社会化合作的能力，没有找到靠谱的数字化转型伙伴等。

站高一线看行业推动企业数字化转型，应该推动建立企业数字化转型相关推荐标准的制定，完善行业数字化转型基础设施建设，及时推出解决建筑劳动力短缺、供应链协同、项目建造模式多样化、资金短缺等针对性的数字化应对举措，构建新设计、新建造、新运维、新管理相关的新标准体系、新产业生态体系、新建筑人才体系，建立各区域建筑产业升级配套措施，有针对性地支持企业与科技企业、科研机构及高校的专题合作进行补贴，制定数字化转型人才引进与激励的具体措施。

中庆建设一直高度重视信息系统对企业的作用，2019年正式提出建设数字企业平台，到2021年年底，完成项目管理相关业务的开发及运行，实现智慧工地与项目管理业务的整合，通过劳务实名、机械管理、材料管理等功能模块，让数据发生即同步于系统，保证数据的及时准确。通过数字项目管理平台打破时间、空间限制，管理人员可直接监管到最前端业务，在企业指挥调度中心，可直接通过数据看板、固定、移动视频等方式对项目质量、安全、进度进行远程巡检，极大地提高企业对外埠项目的管理能力，节约了成本、规避了风险。

展望未来，转型后的中庆建设必将焕然一新，市场品牌影响力、数字设计能力、数字项目建造能力、数字供应链整合能力、数字财务能力等都将发生实质改变。"数字中庆"将在数字化转型的道路上稳步前行，在工业化建造、产业链整合、平台数据挖掘方向上重点进行探索，持续提升企业核心竞争力。

题定纲成，乘势而进。改革的道路必然经历转型的阵痛，但守得云开见月明，只要行业上下共进、齐心协力，就一定能更快推进企业数字化转型目标早日实现，进而推动整个建筑产业迈向更高水平的发展阶段。

用"数字思维"培养人才
工程咨询企业走出去正当其时

文 / 赵朴花

中德高路工程技术集团有限公司
董事长

造价数据作为成本核算、投资估算的核心依据，被广泛应用于工程建设的各个行业，用数据说话、用数据管理、用数据创新的平台管理机制得到业内认可。数字化时代，工程咨询企业需要迎接全新的挑战，不但要尽力培养综合型咨询人才及团队，还需要打造企业自己的数据库，从而推动工程行业的信息技术发展进入新时代。

中德高路工程技术集团有限公司（以下简称"中德高路集团"）正在加快建设数据库的脚步，力争在"一带一路""双循环""两新一重""乡村振兴"等倡议下抢抓机遇，积极响应《工程造价改革工作方案》（以下简称《方案》）提出的"走出去""市场化"

等要求。结合集团多年数据库建设经验，我们认为：工程咨询企业尤其是综合发展的全过程工程咨询企业要于危机中育先机，于改革中开新局，依托数字技术建设企业数据库，打造工程咨询行业不可替代的核心竞争力。

蓄势待发　加强数据积累　拉开工程造价改革序幕

《方案》吹响了"走出去"与国际工程咨询接轨的号角。随着全球经济一体化的趋势日渐明显，从我们引入国际建设工程计价模式到住房城乡建设部印发的《方案》中 5 项主要改革任务（改进工程计量和计价规则、完善工程计价依据发布机制、加强工程造价数据积累、强化建设单位造价管控责任和严格施工合同履约管理）都强调了咨询企业要提升国际竞争力，促进企业"走出去"，迈出国门，走向国际市场。

国际知名的工程咨询公司既是工程公司，也是数据领先的咨询公司。英国、意大利、美国等西方国家工程造价信息资料大多由社会咨询机构及各种咨询公司编制与提供，其所进行的资料积累，并不只限于从书面到书面，还十分注重从实际中做调查，甚至有些国家已经成立了专门的机构来管理工程成本数据库，如美国的建筑成本信息服务部、澳大利亚的工程造价分析系统都在积极储备已建类似工程的数据资料，这样可以使他们"不重复已犯的错误"，便于工程各项费用的动态控制和调整，大数据是市场经济条件下的必然产物。国际工程咨询企业从实际工作中积累的数据，既能为眼前的项目编制提供依据，又能为今后的工作储备信息，实现资料成果市场化、资料积累动态化、资料利用求实化。

中国素有"基建狂魔"之称，我们的工程咨询企业参与了众多工程建设，但是当前，我国工程咨询企业在大数据建设应用方面的思想是落后的，行动是迟缓的，各省市地方的工程造价信息管理缺少信息的交流与沟通，没有一个横向交错、纵向传递的全国性综合工程造价信息管理系统。不仅企业与企业之间不愿意共享彼此的数据信息，在企业内部，由于涉及工作竞争，员工之间也很少共享自己的信息数据。所以，当前我国工程造价信息数据共享、交换率较低，存在着严重的"信息孤岛"。工程咨询企业要与国际工程接轨，要真正实现"走出去"，必须学习和借鉴国外先进的咨询公司在数据库建设方面走过的路径和成功的经验，以此来缩小差距，跟上数字化建设的大部队。

《方案》指明了未来行业的发展方向，它提出的"加强工程造价数据积累"指明了造价行业在数据收集、数据运用的改革方向。

国家建立基于大数据的工程造价信息平台，将当前最先进的信息技术应用于工程造价平台中，对工程造价信息数据进行采集、整理和分析，充分发掘出其价值。平台构建的过程中需要建立统一的工程造价数据标准，形成指标库。数据库按照标准信息进行采集、整理及处理，供工程造价相关单位进行查询，同时应用数据模型来对信息数据进行分析，对工程造价投资、工程材料价格等进行分析，为工程造价行业各方人员提供决策支持。

可以说，工程造价改革的序幕正在建立数据库、指标库中缓缓拉开。

蓄力前行　培养数字化人才　助力项目成功落地

公司从成立之初，就在档案管理上下足功夫，为数据的积累奠定了基础。随着企业的发展壮大，我们告别了传统的数据积累方式，建立起自己的数据库，完成过往数据清洗录入，保障了数据的真实性和全面性，强化了数据的广度和精度。

截至目前，中德高路集团数据库中已入库 67 个项目、612 个指标单项、33 万多条材料数据，涵盖（教育、交通、卫生、商业、办公、居住）建筑、市政交通、室外总体、公共绿地建筑等领域。这也成为中德高路集团无形的资产，有助于我们培养人才，加快新项目落地。

建设数据库助力人才培养。全过程工程咨询中的大数据应用体系，主要集中在集成——业务数据采集，分析——信息分析处理，共享——交互平台展示。通过大数据的应用可以有效解放生产力、解放脑力，提升生产效率，同时也能助力企业培养人才。

在工程计价过程中，建筑工程有诸多特点，且受到复杂因素的影响，难以用确定的函数关系表达。传统的人才培养，从录用到能够独立完成工程咨询工作，少则半年，多则几年。然而在中德高路集团，充分挖掘数据库的价值用于人才培养，效率是惊人的，一位新员工只需三个月就能独当一面、高效地完成工作。他们通过对已完工项目的数据调用，选取近期相似工程与拟建工程进行对比分析，可以减少由于生产力水平提高对工程项目技术指标的影响，大大提升工作效率。

建设数据库助力新项目落地。经过长时间的积累，海量数据成果快速调用，充分发挥数据价值，通过对数据库的有效利用，可以对拟建项目进行准确、快速的投资估算，对全过程工程咨询的每个阶段进行分析估算：从可行性研究阶段应用造价数据库进行投资估算，到设计阶段应用工程造价数据库编制项目的设计概算，再到技术经济分析、编制造价指数和价格指数等。

中德高路集团在长期为客户服务的过程中产生了很多成果文件，如客户资料、设计图纸、财务报告、工程报告、可行性研究报告、规划编制方案等，我们将这些信息材料数据、已完工项目数据、指标数据等纳入数据库，让公司形成竞争优势。不难发现，公司优秀的项目案例大多运用了大数据帮助项目落地。

强强联合 与广联达合作 提升数据建设能力

中德高路集团与广联达展开深入合作，联合开发了BIM+智慧工地数据系统、建筑类工程造价数据库、交通类工程造价数据库等，先后被广联达授予"企业造价数据库应用标杆""广联达正版联盟合作单位"等。

我们将已完工工程项目案例、项目信息数据统一集成到数据库平台，经过清洗分析后，汇总到数据中心。问题追根溯源，智能识别并预警项目风险，在全过程造价管理、数据共享、算量计价、协调统筹、信息传递等方面更快捷、更高效。

在大数据建设这条路上，集团始终立足国际视野，紧跟国内步伐，吃透最新政策，敢为人先，积极探索。以项目的数字化、信息化、智能化，为项目管理团队打造一个智能化"战地指挥中心"，集团的数据建设能力、应用能力在合作、创新、尝试中不断提升。

立足当下　着眼未来　数据库助力企业"走出去"

解决数据库建设的两大难题——"盘活""赋能"。企业数据库的建立不是一蹴而就的，也不是一个企业能够独立完成的，而是需要行业政策的推动、各方工程建设参与者的配合及时间的检验，需要所有工程咨询企业的共同努力。九层之塔，起于垒土，要实现数据积累向数据应用转变，满足企业全面数字化转型对高质量海量多源异构数据资源的迫切需求，数据的"盘活"和"赋能"是我们面临的两大难题。所谓"盘活"，关键要解决数据的开放、流通、共享的问题。"流水不腐，户枢不蠹"，只有不同系统、不同领域的数据实现大范围的流通与融合，才能实现数据的融合分析，从而为我所用。

数据库系统的进一步开发和完善，使之适用于公司的工程造价管理，是我们集团不可复制的资源优势。他山之石，可以攻玉，我们期望在工程造价改革的大背景下打通项目数据流，畅通信息通道，构建项目伙伴关系，与同行企业建立战略联盟，对工程造价数据库实时共享，丰富工程造价数据库来源，建立共享共赢共发展的发展路径，实现全咨企业合作联盟。

大数据并不在于"大"，而在于"有用"。"赋能"则要形成从数据思维到数据应用的能力。一方面，要重视人才的数据思维和技能养成，形成基于数据建立概念、解决问题、做出决策的思维方式，另一方面要重视培养造价人才积累、分析、应用数据分析结果解决问题的能力。

以大数据为发展引擎，打造集团核心竞争力。集团在"一轮双翼"发展战略的指引下，积极顺应时代数字化的变革趋势，以《方案》的大数据推进为契机，集团数据库建设力争更上一层楼，加速新技术、新思维在工程造价行业的推进和落地，将"建设数据库，积极向数字化转型"作为集团发展战略中的引擎，打造集团核心竞争力。

"未来已来"，传统的造价工作转向提供全过程工程咨询的增值服务，是工程咨询企业"走出去"的发展方向。我们要以大格局、大情怀、大智慧、大数据、大生态圈来夯实造价管理的思想基础，让工程造价咨询企业走出去的步履更加轻盈！

工程勘察设计企业数字化转型模式与路线图

文 / 祝波善
上海天强管理咨询有限公司总经理

文 / 赵月松
上海天强管理咨询有限公司副总经理

数字化转型已经成为国家战略、城市战略，也已成为工程勘察设计行业升级发展的重要方向。对设计院而言，数字化转型整体上仍处于初步发展阶段，上海天强管理咨询有限公司（以下简称"天强"）在近两年为众多设计院进行数字化转型咨询服务的过程中一直在思考以下问题：数字化转型对设计院到底意味着什么？不进行数字化转型行不行？哪些类型设计院具备或者不具备数字化转型条件？如何推进实施数字化转型？如何认知数字化转型的投入与产出周期？……这些问题在不同设计院的认识中呈现出不同的答案。

2021年设计院数字化转型调研结果分析

为了更加深入地研判设计院数字化转型的必要性、可行性以及转型路径，天强在2020年调研超过500家设计院数字化转型的基础上，今年再次扩大调研范围至658家设计院，试图从中找到若干线索和启示。

1. 数字化转型的现状分析

从数字化转型整体进程来看，2021年设计院数字化转型进展速度较2020年有大幅提升，整体呈现加速趋势，向数字化布局全面深入的阶段集中，在数字化管理、服务、业务方面都有所进展，处于初级信息管理系统阶段的企业比重大幅下降，其中，民营企业数字化转型进程整体优于国有企业。

从数字化转型的认知来看，与2020年的调研结果类似，设计院对数字化转型的认知主要包含数字化生产服务方式、数字化管理系统和数字化业务模式，整体认知水平逐步提升，尤其对数字化生产和数字化业务认知程度有所加深。认知转变进一步体现了设计院数字化转型的目的在于通过数字化技术推动企业的生产服务方式转变和业务模式升级。

从数字化转型的重难点问题来看，最大问题首先在于公司内部对数字化的理解和认知水平参差不齐，其次是缺乏支撑数字化的组织架构、文化保障和相关的专业人才。

从设计院数字化管理系统建设情况来看，信息化关注的重点保持较高延续性，主要问题仍未得到有效解决。OA协同办公系统、财务信息管理系统、项目管理系统分列设计院数字化管理体系建设的前三位，整体趋势较2020年调研结果基本保持一致。管理信息化主要存在的问题体现在数据孤岛突出、系统覆盖面不足、系统使用效果不理想等方面。

从数字化生产与应用来看，设计院的数字化生产基本以二维设计为主，BIM整体仍处于初级示范应用阶段，主要发挥可视化、虚拟建造、碰撞检查等功能，真正实现BIM正向设计的企业仅占到5%左右。其中，建筑设计类、市政交通类设计院以三维模型为主、二维设计图纸为辅阶段的占比相对较高。

从BIM+的数字化服务应用情况来看，主要集中在BIM咨询领域，其次应用于BIM+全过程工程咨询和BIM+工程总承包的设计院逐步增多。具体而言，各细分领域设计院有所差异，"综甲类"企业的BIM+主要体现在BIM+施工管理平台建设、BIM+数字化运维管理平台建设；建筑设计类企业的"BIM+"主要体现在BIM咨询领域、BIM+全过程工程咨询领域、BIM+施工图审核平台的建设；市政交通类企业的BIM+主要体现在BIM+工程总承包管理领域；勘测类企业的BIM+主要体现在BIM+GIS数字资产管理领域。

从数字化生产与服务应用的阻力来看，市场需求、技术标准以及投入产出是主要因素，市场需求主要是指客户不愿意为BIM成果买单，投入产出主要是指持续的资金投入难以短期看到经济效益。

从数字化创新业务来看，不同性质企业围绕相关业务领域和模式均在开展探索，国有企业占据数字化业务模式创新的主导地位，重点投入在智慧城市、智慧建筑、智慧交通、智慧建筑等领域，而民营企业的数字化资源主要投入在智慧工地、智慧建筑、智慧园区等方面。数字化业务创新过程中面临的重难点问题在不同性质企业间普遍存在，主要包括：无法有效实现数字化业务变现、无法准确定位客户数字化需求、缺少有效的内部激励机制与人才配置、没有建立数字化业务开展保障机制等问题。

从数字化转型的组织方式来看，设计院对数字化转型的组织机制重视程度有所提升，相较2020年数据，未建立信息化管理相关职能的企业占比由40%降到14%。国有企业的数字化组织保障能力明显优于民营企业，而"综甲类"和市政交通类设计院的数字化组织保障能力整体优于建筑类设计院和工业类设计院。

从数字化人才队伍建设来看，呈现出重引入、轻培养的特点，数字化管理人才投入相对匮乏，但需求较为旺盛，主要需求是以数字化系统构架师、解决方案和系统开发人才为主。另外，设计院数字化人才培养的长期行为有待加强，大多数企业都开展了数字化人才的专门招聘与引进、组建数字化专业团队、开展数字化存量人才的深度培养，但围绕数字化人才职业发展、中长期激励、创业孵化等长期培育途径和举措相对较少。

从数字化转型实施重点来看，未来一段时间管理系统和数字生产服务依然是设计院数字化建设的优先选项，但规模越大的设计院，越均衡地关注数字化管理系统建设、数字化技术平台搭建，以及数字化业务模式创新等工作。另外，制定数字化转型顶层方案的企业占比提升，反映出设计院对数字化转型的顶层思考越发深入和成熟。

从数字化转型资金投入与回报预期看，相较2020年数据，设计院数字化转型投入呈现上升趋势，未来2～3年投入达到300万元以上的企业达到40%以上，这表明设计院数字化转型推进呈现加速趋势，但不同属性企业的投入呈现出较为明显的差异，国有企业的数字化转型投入远超民营企业，"综甲类"、市政交通类设计院数字化转型投入相对领先其他类型设计院。设计院对数字化转型投入回报预期逐步趋于理性，三分之一的设计院认为回报周期预计在3～5年，但实际上这个预期周期依然较短，从行业数字化转型领先企业的实践来看可能需要5～8年。

2. 设计院数字化转型的调研总结

通过对20个调研问题的深度研究和剖析，结合2020年八个方面的重要发现，进一步总结出今年六个方面的新发现。

第一，设计院数字化转型认知提升、静水流深。相较2020年，行业内多数企业对数字化转型的核心目标、主要内容与关键问题等认知和理解程度不断加深，但内部尤其是中高层对数字化转型的认知水平依然是制约企业数字化转型推进的最重要因素，直接造成企业对数字化转型的整体规划和部署很难有效推动实施。

第二，数字化转型主要驱动力归结为外部因素。数字化转型驱动力主要来自客户需求的不断升级、社会经济环境的巨大变化、竞争对手的持续压力，以及解决自身经营管理困境等方面。大多数设计院均表示客户需求与社会环境是数字化转型的主要驱动因素，内部诉求的紧迫感并不明显，相对而言，建筑类和"综甲类"企业受客户需求驱动占比明显较高。

第三，行业内先行企业的数字化转型逐步进入良性循环。行业内头部企业的数字化转型已经从最初的探索尝试阶段发展到数字化驱动运营阶段，数字化转型效果显著。部分先行企业借助数字化转型挖掘企业的数据资产价值，发现新的业务价值点，助力产品和服务创新，衍生出全新的数字化业务和商业模式，使数字化持续为企业业绩做出贡献，实现良性循环。

第四，数字化创新业务的商业模式整体处于探索阶段。设计院数字化转型整体方向与核心建设领域较为分散，尚未形成较统一的场景认知，各个企业主要依靠自身视野与力量探索数字化创新服务的价值实现路径，天强认为未来需要进一步通过联盟合作等形式共同构建行业数字化转型的生态系统。

第五，数字化人才需求缺口巨大，人才培养任重道远。人才困境是设计院数字化转型中的一个重大挑战，巨大的数字化人才缺口加之弱于互联网行业的吸引力，使设计院在数字化转型过程中普遍面临着"找不到、招不起人、留不住"的问题。如何搭建数字化人才招聘和引进后的事业平台，如何设计数字化人才的激励评价机制等，需要我们共同思考。

第六，数字化转型呈现两极分化，数字鸿沟逐步显现。中小型设计院数字化转型工作推进进度分化明显，一批中小型设计院借助"船小好调头"的优势，已经在数字化管理、服务与业务建设方面取得较明显效果，但大部分中小型设计院尚未开展任何形式的数字化体系建设；大中型设计院数字化转型工作推进重点与速度不一，整体呈现出多样化特征。基于态势判断，初步预测"十四五"过后行业就会出现数字鸿沟。

设计院数字化转型阶段

清晰地认知自身所处的数字化发展阶段，是制定数字化转型战略和实施路线图的重要前提，结合调研情况以及咨询实践，我认为设计院的数字化转型可以划分为单点应用、局部优化、体系重构、生态融合四个阶段。

1. 单点应用阶段。这个阶段的设计院，部分业务完成信息化覆盖，BIM数字化技术工具等处在试点状态，数字化业务开始初步尝试涉及，在项目过程中开始建立上下游生态体系，内部初步开展设计协同工作，有少量的数字化人才和组织支撑。企业整体数字化处于起步阶段，但数据仅应用于个人或者部门，60%以上的设计院目前处于单点应用的阶段（其中相当一部分设计院还没有进入单点应用阶段）。

2. 局部优化阶段。这个阶段的设计院，核心业务已经基本完成信息化覆盖，系统间的集成互通也达到一定基础，数字化工具已经开始进行标准化推广，数字化业务逐渐成为重点探索方向，并逐渐开始推进产业链生态体系完善，逐步积累一定量的数字化人才，多个部门开始数字化转型进程，技术部门支持业务部门开展数据创新应用，并取得了一定的数字化实践经验。不足30%的设计院处于局部优化的阶段。

3. 体系重构阶段。这个阶段的设计院，已经能够完成数据提取分析应用辅助智慧决策，BIM及其他数字技术实现融合应用（BIM+CIM+GIS等），数字化业务成为重点发展业务，数字化生态链初步建立，积累了部分数字化综合性人才，组织上完成向敏捷型转变，内部已经呈现良好的数字化创新氛围。企业能够清晰地认识到数字化的益处及带来的竞争力，数字化已应用于企业级别的业务，但仍有一些领域需要提升数字化成熟度。不足10%的设计院处于体系重构的阶段。

4. 生态融合阶段。这个阶段的设计院，基本实现智能分析数据决策，以及全面的数字正向设计，数字化业务成为业务发展核心引擎，产业链积极向外部领域扩展，全面完成员工数字化能力转变，形成数据驱动发展创新的企业文化，成为行业数字化发展引领者。目前，行业内只有个别企业初步达到此阶段。

设计院数字化转型路径

我认为，设计院数字化转型可以重点从业务数字化和数字化业务两条路径展开。

业务数字化的核心是赋能。建议设计院从点、线、面三个层次入手，自下而上搭建数据架构，积累数据资产，推动各个层面的全面数字化转型。

点——岗位作业层。岗位层工作是勘察设计业务的起点，岗位层的提质增效是数字化转型最直接的价值体现。各专业岗位的设计师在数字化技术赋能下，通过数字设计平台提供的高效易用的设计软件以及构件和部品的标准化，进行衍生性设计和模块化设计，减少重复性建模，提升设计效率，也使设计创意得到最大限度的呈现。

线——项目协同层。项目层是勘察设计业务的最小单元，决定整个设计过程的成败。设计院可以通过协同设计平台、项目管理平台等实现对生产要素和作业过程的实时、全面、智能的监控和管理，业务数据会聚形成项目管理数据中心，助力作业层对项目进度、成本、质量、安全等业务实现精细化管理，基于实时数据和管理活动数据以及历史数据，利用数据驱动的人工智能，有效支撑项目管理层实现智能化决策。

面——企业运营层。企业运营层勘察设计业务的主体，数字设计场景下，设计师将设计过程的各类知识资源积累成为完整的知识资产库，将业务最佳实践变成企业数据资产。企业通过数字平台对多项目进行集约化管理，通过数据集成，支撑企业智慧决策，同时赋能企业开展总承包或全过程工程咨询，促进业务的升级发展。

数字化业务的核心是创新。设计院的数字化业务要坚持"从场景中来到场景中去"的导向。所谓"数字化转型场景",是指在某一时空环境下,聚焦客户痛点、难点,通过人、物、技术、数据、管理、文化、生态等元素的集成,系统开展的一系列数字化融合创新活动,从而实现预期目标价值。场景可以从不同层级(单元级场景、企业级场景、产业级场景、生态级场景)、供需类型(需求类场景、供给类场景)等多个角度进行解构。以智慧水务为例,数字化场景就有多个层次:基于单体水厂的数字化产品、基于水务集团的数字化产品、基于城市供水/排水网络的数字化产品、基于区域/流域的水务数字化产品等。

结合调研情况及咨询实践,我认为设计院可以考虑从三个层级梳理和推动数字化业务的创新探索。

第一个层次是数字化基础技术服务业务,主要包括基于BIM咨询服务(BIM应用实施标准制定、BIM数据管理规则制定)和BIM专项应用(BIM+规划审查解决方案等)以及基于CIM技术的数据、平台、标准、应用的咨询及实施服务等。本质上这个层次的数字化业务依然是工程技术咨询的范畴,但同时也是第二、第三层次数字化发展中重要的先决条件。

第二个层次是BIM+融合服务业务,主要包括BIM+全过程咨询、BIM+工程总承包、BIM+智慧运营、BIM+智慧审图等。这个层次的业务特征是高结合度,即BIM技术与相关传统业务及其运作模式的高度结合,运用BIM技术在不改变传统业务与服务核心商业模式的前提下,为传统业务与服务最大化赋能。

第三个层次是场景应用解决方案业务,主要包括提供面向政府等的对城市治理、空间规划、产业发展等宏观场景解决方案服务,如智慧医疗;面向业主、建设方运营管理的中观场景解决方案服务,如智慧文旅等;面向用户的微观场景解决方案服务,如智慧园区、智慧社区。这个层次业务主要特点是高集成度,是以数字系统为载体,以信息数据集成、软硬件结合的服务方式,大量应用云计算、大数据、人工智能等新技术,以系统付费、租赁、用户付费等为盈利来源。

设计院数字化转型的重点策略

1. 规划引领。采用数字化思维与科学方法整体规划，做好顶层设计是设计院开始数字化转型的关键路径，应立足当下、着眼未来、统筹规划，并围绕客户体验和业务战略展开数字化顶层设计。其重点包括：建立适合企业特点的数字化转型愿景与目标，为数字化转型指引方向；评估数字化转型基础，明晰存在的不足与改进方向；规划设计数字化转型的蓝图框架；评估数字化转型方案的收益与风险，确定优先顺序；制定完善的数字化转型路径；设计评估数字化转型效果的关键指标，以及对数字化转型效果评估组织、评估方法、评估周期等机制。

2. "一把手"战略。数字化转型本质是人的转型，尤其对智力服务型的设计院更是如此。建筑业企业数字化转型需要企业坚持"一把手"原则。数字化工作已经不仅仅是信息化部门或BIM部门的职责，一把手仅支持也是不够的，需要引领，甚至亲力亲为。重大数字化项目，领导层要直接挂帅、自上而下地推动，这是数字化转型工作取得成效的基本保证。

3. 典型项目示范。设计院的数字化转型既是长期战略，也需要若干个小目标，特别需要发挥重点项目或典型项目的示范效应，通过具象的数字化成果推动企业形成数字化转型的内生动力，至少促使内部对数字化转型的持续关注度，如林同棪国际就通过树立昆明市综合交通国际枢纽基于BIM的全过程咨询服务项目这样一个典型案例，打开数字化业务创新发展的大门。

4. 打造数据治理体系。随着数字化转型的推进，海量多源数据给数据存储、管理和应用提出了新的要求。所以需要构建完整的数据治理体系，提供从数据集成到数据清洗再到数据融合，最后实现数据资产化的全面数据治理体系，从而充分发挥数据资产的价值，这是设计院数字化转型的重要关注点。建设数字化治理体系，要做到以下几点：一是需要对数据资源进行总体规划，盘点企业数据资产，形成企业数据资源目录；二是统筹制定企业元数据、主数据、参考数据、业务数据、指标数据等数据标准；三是基于统一的数据标准，开展企业数据治理工作，构建数据驱动业务的能力；四是建设企业数据治理组织及制度规范，为数字化转型提供保障。

5. 系统持续迭代。设计院的数字化转型没有完成时，只有进行时，第一个周期内的转型完成，则意味着进入了数字化晋级的第二个周期。企业需要根据自身的经营特点、信息化水平、人员和能力水平制定转型方案，以目标、结果、问题为导向，以迅速变化的客户需求为提升依据，采用敏捷迭代的方式对企业内的基础设施、技术平台、组织架构等内容进行优化。

6. 数字人才培养。面对数字化转型带来的人才需求，设计院需要考虑打造高素质的数字化团队。一是以目标为导向，有针对性地培养数字化人才，形成基于职业发展的数字化转型培养体系；二是坚持外引与内培相结合，通过全流程项目实践，打造工程技术与数字技术的融合型团队；三是利用多种类学习方式激发学习兴趣，进行快速体验式、开放共享式的培训学习；四是通过校企合作，持续数字化人才输出。

新视点：

数字化背景下推进投建营一体化重塑"中国建造"核心竞争力

主持人：

王广斌　同济大学建筑产业创新发展研究院院长

研讨嘉宾：

陈文山　云南省建设投资控股集团有限公司党委书记、董事长

杨　军　中天控股集团有限公司总裁

杨晓东　江苏南通二建集团有限公司党委书记、董事长

毛晨阳　平安建设投资集团有限公司副董事长兼总经理

大型建筑业企业向"投建营"一体化转型，有以下基本认识：

一是"时代到了"。我国经济社会已转向高质量发展阶段，高质量发展要不断满足人民群众个性化、多样化、不断升级的需求，"投建营"一体化是提升建设项目全生命周期集成化管理服务的必然选择。

二是"挑战来了"。"投建营"一体化要求建筑业企业必须变革组织模式，推进投融资、规划设计、施工、运营等全产业链深度融合，这个过程不能一蹴而就，对传统建筑业企业来讲充满挑战。

三是"创新空间大了"。与数字技术融合发展，推动建筑业企业加快转型升级步伐，大幅提升建设项目全生命周期集成化服务水平。数字化转型能力成为企业核心竞争力的重要方面。

当前，如何推进投建营一体化，是行业企业必须面对的课题。

▶ ▶ ▶ "投建营"一体化是建筑业企业转型重要方向

王广斌： 我国建筑业目前处于转型升级关键期，"投建营"一体化已然成为新趋势。请各位嘉宾分享各自企业在推进"投建营"一体化过程中的具体做法和经验。

陈文山： 我集团是由原云南建工集团、十四冶建设集团和西南交建集团于2016年整合重组成立的。整合重组后，我们紧紧围绕国家和云南发展战略，不断深化改革，调整产业结构，在实现国有资产保值增值方面进行了有效的探索，走出一条"投资引领、产业支撑、产融双驱、投融建管营"一体化发展之路，从原来单一的施工类企业，转型升级成为一家集投资、融资、开发、建设和运营为一体的大型建设集团。

一是取得较好的发展成果。"十三五"期间，集团总资产由1520亿元增长到6538亿元，净资产由280亿元增长到2124亿元，营业收入由600亿元增长到1505亿元，投资额由300亿元增长到810亿元以上，利润由15亿元增长到40亿元以上。企业在中国企业500强中的排名，由2016年的298位提升到2021年的157位，成为云南省建设领域及相关产业的国有资本投资运营和建设龙头企业。

二是取得了良好经济效益。全面参与全省高速公路、水利开发、高原湖泊治理、乡村振兴、美丽县城建设，累计在建投资项目4000亿元。去年完成投资额816亿元，今年有望完成投资额1175亿元。在海外投资领域，"十三五"期间，集团坚持投资与工程总承包双轮驱动，先后在二十多个国家投资建设了一百三十多个项目，实现境外投资超过200亿元，是"十二五"末的12.35倍，打造了我集团的国际品牌。

三是为社会做出巨大贡献，得到社会各界高度认同。从保障房建设、棚户区改造到基础设施建设、生态环境保护治理，我集团的社会影响力、社会认可度、品牌影响力大幅提升，赢得了社会各界的高度认同。

杨　军：中天控股集团有限公司是一家以工程服务、地产置业与社区服务、新材料制造为主营板块的大型企业集团。从2015年开始，集团将"投建营"一体化作为转型的重要抓手，实现了产业链与价值链的协同和模式创新。通过"投建营"一体化，企业不仅实现了投资回报，更重要的是带动了传统工程服务板块提质增效，促进了城市服务功能板块发展。

在推动"投建营"一体化发展中，集团始终坚持"一个创新，两个协同"。

一个创新是指以数字化运营维护为抓手，推进"投建营"业务升级。之所以要坚持数字化运营维护，主要是基于三个背景：一是集团参与的城市基础设施项目周期长、风险大，必须用数字化手段提升管理水平；二是项目回报主要靠后期运营，必须提升运营效率、提高绩效；三是运营服务是集团的短板，必须弥补。集团以项目为载体，采用比较成熟的数字化技术，搭建数字孪生平台，解决实际运维中可能出现的问题，同步推进项目施工和数字运维系统建设，进而提升项目管理水平和运营效率。

两个协同：一是同步实施EPC（工程总承包）项目模式。PPP项目由于本身特性，产业链要有效打通，必须同步推进 EPC 总承包，以打通产业链条。二是在采用直营和承包双轨制的背景下，要求实行"投建营"一体化的项目，必须采用直营模式。

杨晓东： 早在 2005 年，江苏南通二建集团有限公司（以下简称"南通二建"）经过改制，就确立了打造集科研、施工、投资于一体，跨行业、跨地区、多元化经营的大型建筑业企业集团目标。在高质量发展之路上，南通二建积极融入经济新常态，实现了从传统建筑业企业向一流建筑产业综合服务提供商的转变。近年来，南通二建开始涉足 PPP 项目，在"投建营"一体化方向进行了一定探索。

个人认为，在新形势下，企业要向"投建营"一体化转型，应注意以下几个方面：

一要明确发展定位。要树立"长远为主，远近结合"的发展理念。企业要明确：投建营一体化周期很长，短则十年、八年，长则二三十年，如果企业追求短期回报，转型需要慎重。企业在转型过程中要保持良好心态，将长远目标和短期目标相结合，既要脚踏实地，又要看清前进方向。

二要夯实发展基础。目前，向"投建营"一体化转型的以施工企业为主，这些企业要想转型成功，必须在投资、设计、运营等方面有储备，人才团队应当足够强大，否则转型将举步维艰。

三要具备发展要素。第一，战略合作资源要丰富，做到"合作伙伴遍天下"，与上下游企业包括金融机构有合作基础，力求实力、信誉被业界广泛认可。第二，市场整合能力要强大。企业向"投建营"一体化转型，要对所有资源进行整合，为我所用，但大多数企业目前并不具备这样的能力。

毛晨阳： 平安建设投资集团有限公司（以下简称"平安建投"）的商业模式就是依托于平安集团保险资金和银行理财资金的优势，以股权投资方式聚焦于基础设施领域投资、融资、建设、运营全链条专业服务，并搭建"四位一体"平台，包括平安建投、平安建设基金、平安建设和平安建设运营,每个平台都是项目全生命周期中的一个责任主体,各自发挥其专业和平台优势,整合协同资源。其中,平安建设主要负责设计、建设业务。目前已经落地了武汉、广州等轨道交通项目和东莞、重庆等产业园项目,并且在轨道交通项目与中国中铁、中国铁建、政府平台公司、地方建设企业等合作,并摸索出一套合作模式。

当前,很多工程建设企业想转型升级,除了在原有单一总承包模式上苦练内功、提升经营管理水平外,必须拓宽产业链条,创新商业模式,走"投建营"一体化之路。有些企业已经走在了前面,并摸索出了符合自身发展实际的商业模式。"投建营"一体化本质就是围绕项目全生命周期生产要素提升做文章,包括投资、融资、设计、建设等,但不能盲目跟风,关键要考虑如何扮演或整合好其中一个或多个角色,如何有效实现管理协同、降本增效。要结合企业自身发展和管理水平,搭建相应的平台和能力,或设计好商业模式,取长补短,与其他企业合作共赢。否则,盲目实行"投建营"一体化,甚至搞多元化,风险和成本反而会提升,导致浪费资源,事倍功半。

▶▶▶ 数字化转型是"投建营"一体化成功的关键

王广斌: 如何推进"投建营"一体化?请各位嘉宾谈谈发展中面临的困难,并提些建议。

陈文山: 市场瞬息万变,抓住商机、做好投资决策,是基础。但向"投建营"一体化转型,面临一定风险。如果把控不了投资风险、抓不住市场机遇,一切都是空话。

国有建筑业企业投资主要面临两个风险:一是程序性风险,投资必须严格遵守程序,做好合规管理工作;二是要对市场、环境具有高度敏感性,洞察发展过程中可能存在的风险问题,发挥制度优势,应对风险挑战。

市场竞争归根结底是人才队伍的竞争，推进"投建营"一体化要取得成效，综合性人才队伍的建设是关键。近年来，云南省建设投资控股集团有限公司把人才队伍建设作为重中之重来抓，加快优化优秀年轻干部队伍，建立管理人才库、技术人才库、技能人才库，积极推进人才培养工作，以体制机制创新激发各类人才活力，有力支撑了"投建营"一体化发展。

杨　军： 作为一家民营企业，中天控股集团有限公司在"投建营"一体化发展中最大的挑战来自"风控"背景下资金端和市场端的双重挤压。

在资金端，相对而言民营企业的融资成本较高、渠道较为单一。近几年，我们尝试通过"强强联合"，与央企、国企、较强民企合作，发挥各自优势，承接了一些项目。我的感悟是，企业要向"投建营"一体化发展，应该走"强强联合"之路，在合作中发挥伙伴的优势，取长补短、积累经验。

在市场端，近年来，PPP项目入库数量、开工总量、投资数额增量有所下降。因此，我们发挥公司业务全国布局的优势，创新投资模式，选择市场化程度相对较高、市场诚信环境较好的区域进行投资。建议各界共同努力，营造一个公平、公正的市场环境，让不同所有制的市场主体都有平等参与竞争的机会。

杨晓东： 推进"投建营"一体化，风险控制尤为重要，而风险控制的关键是人才队伍建设。企业必须建立服务全产业链的投资团队、施工团队、营销团队、营运团队、法务团队等，缺一不可。

搭建数字化平台，是每一家企业的必修课，这不仅是国家战略的要求，更是企业适应时代发展的必然选择。搭建数字化平台并不容易，仅"业财税"一体化的打通，就很困难。希望行业数字化转型的推动者、践行者共同努力，重塑中国建造核心竞争力。

毛晨阳： 我说三点看法：

第一，无论经营模式如何变化，有两点始终不变，一是对外服务客户的宗旨不能变；二是对内打造比较优势、构建核心竞争力的努力不能变。

第二，做"投建营"一体化，必须结合企业的实际情况，要设计好商业模式，使专业能力和平台资源匹配。

第三，数字化转型的重要性，怎么强调都不为过。当前，行业竞争透明，利润下行。要想进一步降本增效，即使单纯以一业为主做施工或设计的企业，数字化转型也是必经之路。要做"投建营"一体化，是对项目全生命周期生产要素的整合和协同，要站在更高、更广的视角来统筹管理运营，需要借助数字化的手段去管理协同。否则，管理成本和风险管控将成问题。

经过几年的实践，我们通过数字化技术的应用，基本实现了"业财"一体化，目前正致力于将施工方、供应方、分包方、劳务方打通。从目前行业整体情况看，设计、施工"两张皮"是常态，很多企业都没有跨过这一关，未来还有很长的路要走。但可以肯定，数字化技术是向"投建营"一体化转型成功的关键。

小 结

王广斌：从国家和行业主管部门出台的一系列推动建筑业改革发展的文件中可以看出，建筑业的转型主要有两个方向：一是数字化；二是项目生产组织模式的集成化。

从一定程度上说，"投建营"一体化是生产组织模式集成化的体现，通过打造全过程集成化管理服务模式，推动建筑产业转型，实现高质量发展。

投资、设计、建设、运营等任一环节出现问题，"投建营"一体化都可能失败，这要求集成化的组织支撑。集成化产品和服务需要集成化组织支撑，高效集成化组织的基础是信息集成。信息、数据的开放、共享，才能支撑组织有效工作。因此，推动数字化转型是一个重要的"使能器"。

在推进"投建营"一体化过程中，企业面临着诸多挑战，综合策划能力、资源集成能力、多专业协调能力和风险管控能力等都要不断提升。希望行业企业共同努力，做出更多有益探索，推动建筑业向高质量发展迈进。

内容来源于《中国建设报》

编 后 语

经过一年的筹备与组织，《数字化的力量——中国建筑业"十四五"发展新航程》终于成书并与各位读者见面。

作为建筑行业首本数字化转型集体智慧与思想凝结而成的硕果，谨以此书献给那些在建筑业数字化转型路上的远见者、思想者与创造者，感谢他们以睿智的观察、理性的思考以及卓有成效的实践，为建筑业企业的转型升级、高质量发展提供借鉴与参考，为建筑业更美好的未来提供诸多的可能性。

迫于时间紧、任务重以及编校水平有限，书中难免有疏漏或不足之处，希望各位读者在阅读过程中能给予充分的体谅与包容，也欢迎各位提出批评和建议，与我们进行深度交流，以求未来再次修订能够更加完善。

本书的正式出版还得到了多个单位的倾力支持与帮助。在此，诚挚感谢为本书撰写序言和推荐语的各位嘉宾和领导，感谢他们对本文集的高度肯定和精彩推荐，感谢所有为本书出版发行辛勤付出的相关单位，感谢各位的高度关注与无私贡献。

特别鸣谢：

蓝迪国际智库
中国建筑业协会
中国建筑学会
全联房地产商会
中国市政工程协会
中国勘察设计协会
同济大学

东南大学
清华大学土木水利学院
中国建设报社
中国电子信息产业发展研究院电子信息研究所
中国建筑股份有限公司
浙江省建设投资集团股份有限公司
陕西建工控股集团有限公司
云南省建设投资控股集团有限公司
湖北省工业建筑集团有限公司
黑龙江省建工集团有限责任公司
四川华西集团有限公司
长春建工集团有限公司
中天控股集团有限公司
江苏南通二建集团有限公司
中亿丰建设集团股份有限公司
平安建设投资集团有限公司
达海控股集团有限公司
中国建筑西北设计研究院有限公司
中建华夏国际设计有限公司
中德高路工程技术集团有限公司
广联达科技股份有限公司
中庆建设有限责任公司
中咨海外咨询有限公司
北京广惠创研科技中心
开元数智工程咨询集团有限公司
苏交科集团股份有限公司
浙江华东工程数字技术有限公司
成都基准方中建筑设计有限公司
嘉博联合设计股份有限公司
上海天强管理咨询有限公司

（排名不分先后）